本项目由"北京服装学院高水平教师队伍建设专项资金"支持，项目编号为：BIFTXJ202025。

时尚整合传播

策略与案例分析

胡诗晨◎著

中国纺织出版社有限公司

内 容 提 要

本书立足时尚文化产业背景下的整合营销传播的理论策略与实践案例。第一部分策略篇，梳理、分析和探讨了整合营销传播的主客体、整合营销传播的规划流程及原理，同时还介绍了整合营销传播的调查系统、策划系统、推广系统。第二部分案例篇，援引并剖析了大量国内外时尚文化领域内最新的整合营销传播案例，以便加深读者对基本理论知识的理解，并为当前的整合营销传播实践提供参考。

图书在版编目（CIP）数据

时尚整合传播：策略与案例分析 / 胡诗晨著．-- 北京：中国纺织出版社有限公司，2022.8（2025.8重印）
ISBN 978-7-5180-9581-0

Ⅰ．①时… Ⅱ．①胡… Ⅲ．①网络营销—案例 Ⅳ．① F713.365.2

中国版本图书馆 CIP 数据核字（2022）第 091365 号

责任编辑：顾文卓　　　特约编辑：王蕙莹
责任校对：楼旭红　　　责任印制：储志伟

中国纺织出版社有限公司出版发行
地址：北京市朝阳区百子湾东里A407号楼　邮政编码：100124
销售电话：010—67004422　传真：010—87155801
http://www.c-textilep.com
中国纺织出版社天猫旗舰店
官方微博 http://weibo.com/2119887771
北京虎彩文化传播有限公司印刷　各地新华书店经销
2022年8月第1版　　2025 年 8 月第 2 次印刷
开本：710×1000　1/16　印张：17
字数：210千字　定价：88.00元

凡购本书，如有缺页、倒页、脱页，由本社图书营销中心调换

随着互联网、移动客户端技术的迅速发展，时尚传播的渠道和模式也变得越发多样。在这样一个技术不断迭代、大众个性化不断发展的时期，传统模式的营销推广已经不能满足时尚品类的品牌需求，整合营销传播为时尚传播理念与技术的完美结合搭建了桥梁。本书梳理了时尚品类营销传播所需要的营销理论和实践，将相对较新颖的营销策略与案例呈现出来。在时尚整合传播的策略篇中，着重分析调查系统、策划系统、推广系统，从理论层面梳理整合营销传播所具备的战略思想和理论依托；在案例篇中，重点分析新颖、时效性强、有谋略的营销案例，在这些战略思想之上，借助媒介融合，尤其是社交媒体，呈现出最前沿的整合营销传播案例。

本书案例涵盖了奢侈品、服装、文化、日化、电商等领域，涉及企业本土化、品牌全球推广、跨界营销、IP营销、转型营销、联名营销、活动营销等不同情境的案例分析，整理收录了学生团队成员的案例分析作品，案例分析作者团队成员：马衷、王思涵、江兴丽、梁燕萍、沙依旦·海拉提、高碧鸿、金丽敏、陶攀攀、刘蒙蒙、卢超敏、刘慧琦、迪丽努尔、鲁红妍、常欣妍、王珺雯、辛迪博文、孙圆、虞灏、李一帆、张佳雨、刘晓红、张雅霖、王梦浩、李玉婷、付玉玲、吴雨辰，在此一并表示感谢！

本书由"北京服装学院高水平教师队伍建设专项资金"支持（项目编号为：BIFTXJ202025），是对时尚整合传播课程的教学内容、教学案例的思考和总结。本书的出版得到了中国纺织出版社有限公司的大力支持，希望本书的一些观点能够引起更多学者的共鸣与思考，共同推动文化产业教学科研工作。

由于本人水平有限，本书尚存许多不足之处，敬请读者批评指正。如有问题，可通过邮箱 825268884@qq.com 和作者联系。以此与学术界的同行和朋友共勉。

作者

2022 年 3 月

第一部分
时尚整合传播策略

第二部分
时尚整合传播案例

第一部分
时尚整合传播策略

沟通是任何组织与内部和外部利益相关者互动最重要、最关键的环节。这些利益相关者涉及企业员工、客户、竞争对手、投资者、供应商、分销商、监管机构等。沟通的方式和方法必须持续发展以适应目标受众的要求（Kotler & Armstrong, 2010）。现代组织正在采用一种整合的方法，沟通、说服和吸引客户群体到他们的组织及其提供的产品和服务。

这个现代化的组织必须与年轻的目标群体进行有效的沟通，以建立自己的品牌形象，从而再次带来销售和盈利。为此，组织需要了解自身的概况，寻求确定和定义正确的细分市场。在最合适的创造性定位下，建立一个全面的IMC计划，并在市场中执行它，分配预算参数，开发衡量指标，并监测其有效性（Shaw, 2012）。

第 1 章　时尚整合传播概述

"整合营销传播"（Integrated Marketing Communication，IMC）这个词对很多人来说并不陌生，广告、公共关系、市场营销和传播行业的从业者经常会提到它，专业学科的发展也趋于完善。但是，"时尚整合传播"这个词语却很少被提及。这主要是因为时尚本身就是一个细分的品类，而对于整合营销传播的研究很少细化到某个细分领域。随着人们对时尚生活的需求越发强烈，国内文化产业及时尚产业的发展得到了提升，时尚文化品牌的传播方式和营销方法也日渐丰富。那么，时尚整合传播究竟是什么？它的概念和内涵是什么？时尚整合传播的基本原理和操作机制是什么？有哪些时尚整合传播的案例？这些问题都是本书所要探讨的。

1.1　时尚整合传播的起源

时尚整合传播是整合营销传播的一个分支，也是整合营销传播理论的实践细分和创新，讨论时尚整合传播就必须了解整合营销传播。整合营销传播诞生于 20 世纪 80 年代末，最早在美国产生。随后，整合营销传播的相关理论迅速扩散到欧洲、亚洲、南美洲、非洲、大洋洲等地区。整合营销传播产生的现实背景是基于以下 5 个原因。

技术：横跨商业经营所有领域的电子技术的发展和传播，技术的发展能够满足以客户为中心，对希望得到服务的客户的需求要做到真正理解，然后通过技术层面做到沟通与响应。

媒体发展：媒体数量的剧增扩大了受众的选择面，也分割了他们的媒介消费时间。广告环境从传统媒体变成了多元的媒体，更加嘈杂的媒体环境使得商业形式的广告很难在消费者中留下深刻印象，整合营销传播势在必行。

品牌建设：品牌和品牌建设越来越受到关注和重视，成为企业具有竞争力的差异化手段。一个好的品牌会拥有一批忠诚的顾客，因此，即使进行相对较少的投资，品牌也能够产生收入，并一直延续。

全球化：随着营销需求的扩大，跨国化和全球化趋势越来越明显。企业一方面需要确保对单个市场和文化的独特性做出及时响应；另一方面，也需要建立一个统一、协调、整合的品牌战略，这一点至关重要。

新的挑战：以往的营销模式聚焦于单向的向外传播，而整合营销传播面临的挑战是在企业及其顾客之间建立一个互动的双向沟通渠道，创造现金价值和企业价值。整合营销传播的独特性在于，它能整合企业各方面活动时，围绕的是一个统一的要素，那就是顾客的愿望和需求。

1.2　时尚整合传播的概念

整合营销传播的概念最早出现于 1989 年的美国。当时，美国广告协会（American Association of Advertising Agencies）认识到，单一信息越来越难以产生重大影响，除了广告之外，还需要集中精力，通过各种营销渠道传递一致的信息，包括广告、公共关系、销售推广和直接营销等。营销方式和营销工具的整合是品牌传播信息的有效新举措。

1.2.1　整合营销传播产生的背景

市场环境的改变。随着现代技术的高速发展，科技进步日新月异，信息的交流近在咫尺，人们每天收到的广告信息多得让人无所适从。在这种情势下，企业在市场竞争之中，技术、产品、营销手段趋向同质化，尤其是在市场从卖方市场转为买方市场的情况下。在商品趋于饱和的态势下，竞争者互相克隆，竞争对手很快就能获取某一品牌的技术信息、营销策略，马上模仿推出功能接近、成本相当的产品，消费者眼花缭乱、难分优劣。就是这种情况使得传统的市场营销、营销传播不再那么有效，广告不再只是电视广告、广播广告以及报纸杂志上的平面广告。

传播媒介的改变。如今，酒香不怕巷子深的时代已经不复存在了，我们面对的是一个信息爆炸的时代，所有的信息几乎都来自大众传播媒介。而大众传媒自身也在飞速发展，电视、报纸、杂志、广播的频道、版面越办越多，传统媒体垄断的年代已一去不复返，这便是整合营销时代的到来。用什么样的方法才能有效地传播，快捷地深入消费者的心，树立鲜明一致的品牌形象，正是整合营销传播所要探讨的问题。

消费者自主性的改变。年轻一代的消费者群体受过更好的教育，拥有更多的信息获取渠道，因而在知识领域内也更加自信，同时对宣传带来的影响比以往更有免疫力。年轻一代的消费者更懂得媒体运作的方式、广告运作的机制，对于狂轰滥炸的宣传信息也变得更加麻木。《躲过雷达》一书中提道："消费者就像蟑螂，我们向他们喷洒营销杀虫剂，这会在一段时间内起作用。然而，不可避免的是，他们具有了免疫性和抗药性。"

品牌预算投放比例的改变。20世纪70年代是广告主导时代，营销主体把绝大多数营销预算都花费在了报纸、电视、广播、杂志等传统大众媒介广告上。70年代至80年代，公关、促销等营销工具开始瓜分营销主体的预算经费。80年代中后期，直接营销公司开始获得竞争优势。相比以前单一的发声渠道、单一的形象塑造，现在营销主体更注重客户关系管理（CRM）、促销、公共关系、直接营销和社交媒体的整合运作，通过各自的策略、方法、渠道、媒体和活动的结合，使所有的发声方式协同工作。这种整合运作大大提升了品牌形象和品牌销售业绩。

1.2.2 整合营销传播产生的理论前提

与任何概念一样，整合营销传播也在不断发展。

整合营销传播将营销传播的各个方式结合在一起。其中包括广告（广播、户外、在线、直接营销）、在线／数字媒体（电子商务、电子邮件营销、社交媒体、移动营销、搜索引擎优化、内容营销）、公共关系、促销、销售、客户服务、贸易展览／活动和产品促销。

在当今世界，营销主体不仅传播信息，而且使用传播技术来接触到他们的目标受众。企业和组织依赖于互联网来讲述他们的品牌故事，并在适当的时候提供购买产品的信息。企业和组织还利用社交媒体与客户和潜在客户进行互动。由于互联网是信息来源的首要平台，企业和组织也在努力刷新在搜索引擎的搜索排名。

总的来说，仅仅接触客户是不够的。整合营销传播在最佳情况下是最具成本效益和最有效率的媒介组合，可以根据本组织的目标、目标和预算，推动目标受众完成购买过程。

1.2.3 时尚整合传播概念的流变

时尚整合传播不仅要融合传播学、公共关系学、市场营销等专业知识，还要有绘画、设计、鉴赏方面的能力，通过传播人员的审美个性、时尚主张，以时尚传播为特色，发挥国际大都市的时尚前沿优势，以新闻传播学为主体，整合时尚创意设计、时尚品牌与产业管理的力量和资源，全力打造具有时尚艺术气息又拥有新闻传播能力的应用型、复合型项目。所以，时尚整合传播是一个复杂的概念，分析其概念的流变，可以从以下关键词入手。

1.2.3.1 时尚

北京服装学院赵春华教授将时尚定义分为广义的时尚和狭义的时尚。其中，广义的时尚"Vogue"意指流行物、时髦事物、时髦人物；

"Fashion"指流行的样式、方式、风尚等。广义的时尚范围比较宽泛，这种时尚涉及生活的各个方面，如衣着打扮、饮食、行为、居住、消费甚至情感表达和思考方式等。她指出，狭义的时尚更贴近时装，即以时装、配饰等为主的与生活有关的时尚产品。法国时装学院和巴黎商学院将时尚定义为"时装"，认为：懂得穿着的内涵是时尚最重要的体现。和谐的组合、色彩的搭配、产品的多样性反映了内在的品位与修养。[1]

从时尚行业的角度来讲，时尚包含了一系列关键词。这些关键词涵盖了时尚产业的四个层次：原材料的生产，如纤维和纺织品，也包括皮革和毛皮；设计师、制造商、承包商和其他人生产时装产品；零售销售；各种形式的广告和促销。有时，更广泛的"时尚产业"指的是在国际上雇用数百万人的行业和服务和活动。例如：四大时装周（巴黎、米兰、纽约、伦敦）、高级时装、时尚设计、奢侈品、公共关系、创意、时尚网站、时尚新闻、美妆、纺织品设计、系列集合、服装、媒体、时尚趋势、配饰、生活方式、高级定制、模特、风格、时尚博客、时尚杂志、时尚秀场、纺织品、品牌、时尚活动、成衣、社交媒体等。图1-1为时尚产业时尚关键词。

图1-1　时尚关键词

1.2.3.2　传播

传播这个概念很多学者都进行过探讨。通俗来讲，传播是指两个相互独立的系统之间，利用一定的媒介和途径所进行的、有目的的信息传递活动。

- 库利（社会学角度）：传播是指人与人关系赖以成立和发展的机制——一切精神象征及其在空间中得到传递、在时间上得到保存的手段。它包括表情、态度、动作、声调、语言、文章、印刷品、铁路、电报、电话以及人类征服空间和时间的其他任何最新效果。

- 皮尔士（符号学或语义学角度）：传播即观念或意义（精神内容）的传递过程。

- 施拉姆：传播至少有三要素——信源、讯息和信宿。

- 戈德的"共享说"：传播就是变独有为共有的过程。

- 格伯纳的"互动关系说"：传播可以定义为通过讯息进行的社会的相互作用。

- 贝雷尔森和塞纳的"符号说"：运用符号——词语、画片、数字、图表等传递信息、思想、感情、技术等。这种传递的行为或过程通常称为传播。

- 霍夫兰的"目的、影响、反应说"：传播是某个人（传播者）传递刺激（通常是语言的）以影响另一些人（接受者）行为的过程。

- 阿耶尔：传播在广义上是指信息的传递，它不仅包括接触新闻，而且包括表达感情、期待、命令、愿望或其他任何什么。

根据传播学的奠基人之一拉斯韦尔于1948年在《传播在社会中的结构与功能》提出的"5W"模式（图1-2），我们也可以看出传播包含了五个要素：谁（who）、说什么（what）、通过什么渠道（in which channel）、对谁（to whom）、取得什么效果（with what effect）。换言之，是传播者、讯息、媒介、受传者、反馈。每一次传播涉及至少一个发送者、一个信息和一个接收者。这听起来可能很简单，但实际上，传播是一个非常复杂的课题。从发送者到接收者的信息传递可能会受到各种因素的影响，例如我们的情感、文化状况、用来沟通的媒介、甚至我们的地理位置。因此，世界各地的企业都认为良好的沟通技巧是必备的，准确、有效和明确的沟通实际上是极其困难的。

- 谁（Who），是传播活动的起点，也是传播活动的中心之一。大众传播中传播者可以是个人，如编辑、记者、主持人、制作人等，也可以是媒介组织，如报社、电台、电视台、出版社等。

- 说什么（Says what），是指传播的讯息内容。传播内容是在过程中生产出来的。这种内容并不是普遍意义上的信息，而是指所有通过大众传播媒介传播给受众的信息。

- 通过什么渠道（In which channel），是信息传递所必须经过的中介或借助的物质载体。媒介即中介或中介物，存在于事物的运动过程中。传播意义上的媒介是指传播信息符号的物质实体。

- 对谁（To whom），是受传者或受众。受众是所有受传者如读者、听众、观众等的总称，它是传播的最终对象和目的地。

- 取得什么效果（With what effects），是信息到达受众后在其认知、情感、行为各层面所引起的反应。它是检验传播活动是否成功的重要尺度。

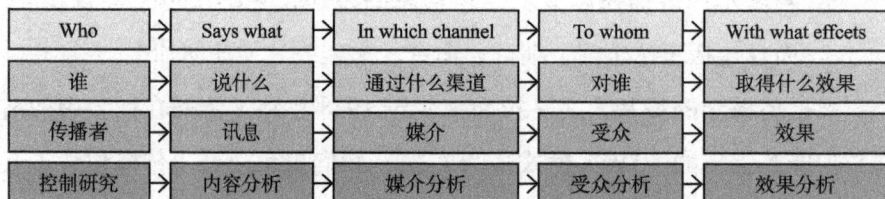

Who	Says what	In which channel	To whom	With what effcets
谁	说什么	通过什么渠道	对谁	取得什么效果
传播者	讯息	媒介	受众	效果
控制研究	内容分析	媒介分析	受众分析	效果分析

图1-2 1948年拉斯韦尔"5W"传播模式

1.2.3.3 市场营销

市场营销的第一版官方定义是 1935 年由 AMA 的前身——美国营销教师协会所定义的，1948 年被美国营销协会（AMA）正式采用。

当今，我们所见到的关于市场营销见到的关于市场营销最普遍的定义也是由美国营销协会（AMA）所定义，AMA 对市场营销的定义营销研究每三年由一个由五名活跃的研究人员组成的小组进行审查和重新批准/修改。截至目前，最新一版关于市场营销的官方定义为：

"市场营销是创造、沟通、交付和交换对客户、客户、合作伙伴和整个社会有价值的产品的活动、体系和过程。"（2017 年）

从营销传播的角度上来讲，市场营销是指为产品开展市场营销所使用到的所有传播功能的集合，称为"营销传播组合（Marketing Communications Mix）"，包含以下营销类型：

- 影响者营销（Influencer Marketing）：根据美国国家广告商协会（ANA）的说法，影响者营销的重点是利用对潜在买家有影响力的个人。围绕这些个人进行营销活动，将品牌信息推向更大的市场。在影响者营销中，品牌不是直接面向一大群消费者进行营销，而是激励或补偿影响者（包括名人、内容创造者、客户倡导者和员工）代表品牌进行宣传。

- 关系营销（Relationship Marketing）：根据美国国家广告商协会的说法，关系营销指的是将消费者细分以建立忠诚度的策略。关系营销利用数据库营销、行为广告和分析来精确定位消费者，并创建忠诚度计划。

- 病毒营销（Viral Marketing）：病毒营销是一种促进和鼓励人们传递营销信息的营销现象。绰号为"病毒"，是因为接触信息的人数模拟了病毒或疾病从一个人传播到另一个人的过程。

- 绿色营销（Green Marketing）：绿色营销是指开发和营销被认为对

环境无害的产品（旨在尽量减少对物理环境的负面影响或提高其质量）。这个术语也可以用来描述企业在生产、推广、包装和回收过程中对生态问题敏感的产品所做出的努力。

- 关键词营销（Keyword Marketing）：关键词营销是指根据用户所使用的特定关键字和短语，在用户面前放置相关营销信息的方式。这种方法的一个重要优势是，它能够在正确的时间用正确的信息接触到正确的人。对于许多营销活动来说，关键字营销的结果是当输入特定的关键字时，弹出的广告与搜索结果相关联。在搜索引擎优化（SEO）中，这个词指的是在搜索结果中排名靠前。

- 游击营销（Guerrilla Marketing）："游击营销"一词可追溯到游击战，采用非典型的策略来达到目标。游击营销描述了一种非常规和创造性的营销策略，旨在用最少的资源获得最大的结果。

- 推式营销（Outbound Marketing）：推式营销是传统营销的一个术语。在推式营销中，它是一种打断性的营销，无论人们是否愿意，它都会主动推送。比如电视广告、电话营销、横幅广告、广告牌、报纸和杂志广告、弹出窗口、背弹窗口等都是推式营销的例子。它经常被用来影响消费者对品牌的意识和偏好。

- 集客营销（Inbound Marketing）：集客营销是一种相对较新的营销理念，营销人员试图用有趣的内容"吸引"潜在客户。集客营销包含内容营销策略，如发布具有吸引力的文章、社交媒体文字、信息图表、白皮书、电子邮件等。然后通过搜索引擎优化、付费搜索等方式帮助人们找到营销主体。如果内容足够吸引人，潜在客户就会与营销主体产生互动、分享，从而建立起对品牌的正面印象，而这些将影响到潜在客户的购买决策。集客营销是非常间接的，它并不干涉消费者，而是通过推动潜在客户与品牌间的互动来增加消费者购买的几率。图1-3可以说明集客营销将路人变成客户的途径：

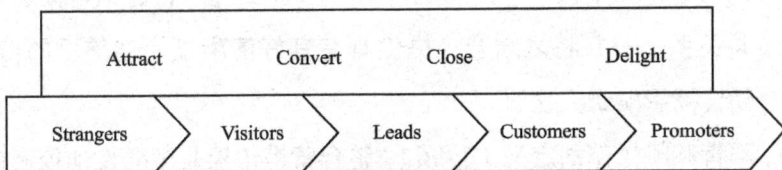

图1-3　集客营销战略的不同阶段

- 搜索引擎优化（Search Engine Optimization，SEO）：品牌利用搜索引擎的规则提高网站在有关搜索引擎内的自然排名，目的是让其在行业内占据领先地位，获得品牌收益。通常，这包括两个元素：在技术方面，SEO是指确保一个网站可以被主要搜索引擎正确索引，包括使用适当的关键字、内容、代码和链接；在营销方面，SEO指的是将特定关键词定位到网站应该在搜索中"显眼"的位置。这可以通过修改网站，使其在搜索引擎用来确定排名的算法中获得高分，或者通过购买单个关键词的位置来实现。[3]

- 内容营销（Content Marketing）：内容营销是一种创造和传播有价值的、相关的和一致的内容以吸引特定受众人群的营销技术。根据全美广告商协会的说法，内容营销涉及讲述品牌故事的各种方法。越来越多的营销人员将他们的广告演变为讲故事的方式进行营销，以创造与消费者的情感联系，提高消费者黏性。

1.2.3.4　整合营销传播

整合营销传播涉及个体和整体，其理想状态是个体部分之间的相互作用导致整体效应大于各部分之和。整合营销传播是一个长期的、可持续的循环过程，建设、维持和发展顾客关系没有起点，也没有终点。

- ANA与4A的定义（1991）"整合营销传播是一个营销传播计划概

念，它要求充分认识用来制定综合计划时所使用的各种带来附加价值的传播手段——如普通广告、直接反应广告、销售促进和公共关系——并将之结合，提供具有良好清晰度、连贯性的信息，使传播影响最大化"。

- 邓肯和凯伍德的定义（1996）"整合营销传播是策略性地控制或影响所有相关的讯息，鼓励企业组织与消费者及利益相关者的双向对话，借以创造互惠的关系"。
- 唐·E. 舒尔茨和海蒂·舒尔茨的定义（1998）"整合营销传播是一种战略性经营流程，用于长期的规划、发展、执行并评估那些协调一致的、可衡量的、有说服力的品牌传播项目。这些传播项目的目标是以消费者、客户、潜在客户和其他内外相关目标群体为沟通对象的"。
- 汤姆·邓肯关于整合营销传播的定义（2002）"简单地说，整合营销传播是一个提高品牌价值、管理顾客关系的过程。更加具体一点，就是通过战略性的控制或影响相关团体所接受到的信息，鼓励数据发展导向，有目的地和他们进行对话，从而创造并培养与顾客和其他利益相关者之间可获利关系的一个跨职能的过程"。

1.3　时尚整合传播的内涵

时尚的本质就是不断变化。近年来，伴随着媒介的发展，时尚界也发生了巨大的变化。时尚传播促进了整个时尚产业的繁荣发展，使品牌在市场上传播其产品成为可能。由于数字媒体的发展以及时尚品牌和从业者对网络的热衷，也使得时尚行业的传播媒介变得更加多样化。时尚传播在某种程度上改变了消费者的消费习惯，也给了时尚业一个巨大的市场扩张空间。本节将探讨时尚整合传播的核心特点、优势和潜在局陷，以及其在时尚产业的功能与作用。

1.3.1　核心特点

（1）强调以消费者为导向。时尚企业产品是为人服务的，人是核心。随着互联网的发展，消费者所能接触的媒介形式也变得多样化，从之前只能从电视上的广告、商店的海报、明星代言等被动的媒体传播形式了解产品，转变为现在主动搜索、注重口碑、注重售后服务，货比三家。从4P到4C的营销转变，企业与消费者的角色已经在逐渐发生变化，在以用户需求为导向的市场环境中，把握好用户需求才是硬道理。同时，要不断地调整策略，才能得到更好的营销效果。

在这样的大背景下，时尚企业更应该直接面向顾客，考虑顾客的需要和欲望，建立以顾客为中心的观念，将"以顾客为中心"作为一条红线，贯穿于市场营销活动的整个过程。未来的每一件产品，在生产之前都要知道它的消费者是谁，唯一的标准就是符合不符合消费者需求。生产商之间比拼的不再是价格，而是谁能最先对接消费者的需求，并且完成与消费者需求精准匹配的产品。因此，在时尚产品的营销传播阶段，强调以消费者为导向是这个时代发展的大势所趋。

（2）多样性。时尚整合传播的多样性体现在时尚传播内容的多样性、时尚传播渠道的多样性、时尚传播工具的多样性。从内容的角度上来讲，时尚行业作为潮流的顶层，消费者的眼光更加挑剔，审美更加独到，对内容质量的要求也更加的高。因此，普通的创意形式和内容无法捕获时尚消费群体，时尚整合传播必须具有更新颖的创意、更独到的视角，让消费者眼前一亮、耳目一新。所以，时尚行业消费者促生了品牌传播的内卷，越来越多元化的内容呈现在消费者眼前。伴随着移动互联网作为快速发展的传播媒介，消费者获得信息的触点变得多元化，品牌的营销方式也开始逐渐由传统模式转变为多渠道传播，线上传播渠道涵盖了社群、自媒体、搜索引擎、短视频平台等。不仅如此，如何创新传播途径、用创意引爆产品仍然是品牌传播的核心。运用一切传播工具（公关、广告、市场营销……）和传播方式是时尚品牌营销的不二法则。

（3）数字沟通。与客户的数字沟通是时尚公司生存的关键。在新冠肺炎疫情期间，服装、时尚和奢侈品行业被迫关闭线下门店，用以解决紧迫的公共卫生需求。虽然时尚企业努力应对新冠肺炎疫情所带来的影响，但全球时尚行业仍有数百万人失业。没有人预见到这场危机的严重性，但一些时尚公司发现，依托于数字媒介的时尚品牌在新冠疫情期间受到的影响明显比依托实体门店的企业所面临的风险要低很多。

数字化不仅是一个日益重要的销售渠道，而且它还可以帮助企业与消费者沟通。例如，数字化可以推动新的客户获取方式，并帮助预测和管理客户关系，以创建一个更具弹性的客户关系管理系统（CRM）。所有这些的根本推动因素将是数据——其透明度、准确性从来没有像现在这样重要。随着顾客上网的普及，时尚公司需要通过电子邮件、社交媒体和其他数字渠道让他们获得真实的信息——尽管大多数人目前还未在品牌进行过消费。

（4）生命周期短。和其他产品一样，时尚也有自己的时尚生命周期。每一种时尚在其生命周期中都有兴起阶段、巅峰阶段、衰落阶段。在时尚生命周期的兴起阶段，时尚通过时装秀、电视广告、杂志被大众所熟悉。巅峰阶段则决定了一种时尚或趋势将在市场上停留多久，有些产品可能需要一年甚至更长时间。在衰落阶段，它在大众市场变得普遍。在这个阶段，时装在零售商店打折出售。最后，时装变得过时，几乎在任何商店都买不到。在时装生命周期的这些阶段中，时装产品的价格也会发生变化。特别是在价格上涨阶段，价格会大幅上涨，然后慢慢恢复到原价。在衰落阶段，价格会有 50% ～ 70% 的折扣。

时尚的生命周期通常较短，除了一些经典款式和样式。如果一个时尚变得普遍起来，那也就不时尚了。所以，传统的营销传播并不适合现代时尚产业的需求和日益苛刻的时尚消费者。由于时尚产业的复杂性和特点，后期的市场营销传播都需要重大的调整。就敏捷性、时间因素、组织和与传播的协调而言，针对较短时尚生命周期的整合传播过程的生命周期也普遍较短。

（5）季节性变化。季节的变化对每个行业都有影响。在时装方面，世界各地的设计师用不同的风格和面料设计出适合不同季节的服装，甚至一些品牌还设计了专门为夏季度假而准备的度假系列服装。时尚行业对产品的需求和兴趣总是受到季节的影响。关于季节如何影响消费者的情绪，有各种各样的研究。有研究表明，在夏季大脑活动处于最佳状态，但这对时尚界及其他行业的消费者行为有什么启示呢？因为在夏天消费者心情通常更好，所以通常会比寒冷的季节花更多的钱。因此，夏季导致了很多需求增加，包括服装。

毫无疑问，时尚也有季节性变化这一特质。时尚品牌必须不断调整自己的风格，以满足顾客不断变化的需求。随着季节的变化和社会的广泛发展，时尚行业、时尚品牌对时尚季节性的敏感度以及季节的把握就变得尤其重要。

（6）预测度低。时尚趋势是可预测的吗？有很多学者曾尝试使用人工智能或大数据来进行定量预测，以期预测出消费者会对哪些时尚产品感兴趣。如果一个产品是高度时尚的，那么它的内在本质需求将是不可预测的[4]。时尚是不断变化且周而复始的。由于个人需求是变化的，所以很难准确地预测一段时间内的总需求。时尚并不是一场理性的集体活动，而是感性的个人行为。尽管有些复古时尚在明星和社会名流的带动下卷土重来，但是这种复古时尚的复兴往往加入了一些新的元素和潮流，这种新融入的元素很难被预测。

随着大数据的兴起，结合数据的力量和设计师的经验，业内最大的时尚趋势预测机构 WGSN 每个月都会发布大量的时尚趋势报告。然而，与其他行业相比，时尚大数据才刚刚起步，有许多可能性有待探索。对于时尚来说，如此抽象的东西，它是可以预测的吗？我们期待在数据的完善后，时尚预测会有更可靠的数据支撑。

（7）时尚协同性。当前的共享时代使得协同合作成为时尚界内企业的重要途径，资源的交叉对于时尚来说是非常有利的。协同合作可以与其他专业人员建立联系，以创新的方式共同工作，促使时尚创造出独特创新的产品，从而产生以前无法想象的、令人兴奋的协同效应。这里我们所说的协同时尚，不局限于奢侈时尚品牌与名人品牌大使合作、快时尚与高级时装合作，与社交媒体明星的合作也能让时尚品牌受益。

一个众所周知的协同合作概念是品牌与时装设计师的协同合作。H&M 每年引入与设计师的合作系列。过去他们曾与卡尔·拉格斐尔德、王大仁、范思哲、巴曼合作。他们也推出过品牌与品牌的合作新品（H&M × Kenzo 系列），这些系列已经被证明是非常成功的。

在一个社交媒体和内容分享的时代，企业、品牌和设计师之间的技能分享很自然地成为协同时尚。随着消费者对社交媒体平台越来越依赖，也给时尚行业提供了优越的展示平台。同样，品牌也比以往更容易了解他们的客户喜好。一些知名的时尚品牌可以通过与在社交媒体上拥有大量粉丝的 KOL 来完成时尚协同合作。

总的来说，时尚通过协同合作的方式增加了时尚可持续性，同时也为消费者提供了一个更加时尚的主流消费方式。

1.3.2　优点和潜在局限

根据 Kantar 媒体 2018 年年度营销研究报告，营销人员正在努力理解跨渠道行为。82% 的营销人员认为，他们有整合营销策略，但他们的努力没有渗透到消费者。在当今的数字时代，消费者知道他们想要什么，并会自己学习了解产品知识。他们不依赖营销人员告诉他们需要什么，而是通过互联网研究社交媒体上的帖子、品牌口碑等信息了解品牌及产品。客户正在变得精益求精，因此需要为特定的客户群体、细分市场甚至个人创建一个协调良好的整合营销计划。

整合营销传播给时尚品牌带来了实实在在的好处。它融合了推广工具，向客户传达价值，并有说服力地建立客户关系。以下是时尚整合传播的好处：

（1）为品牌提供了降低传播成本预算的机会；

（2）创造稳定的客户体验，能使品牌/产品传播变得更为有效；

（3）通过清晰的定位，可以获得更有竞争力的优势；

（4）帮助建立良好的客户关系；

（5）提高员工的参与度，对员工有更强的激励作用；

（6）使个性化沟通成为可能，增加用户忠诚度；

（7）通过多方平台不断地传播信息，树立品牌形象，提高品牌知名度；

（8）为时尚传播活动提供一个衡量标准；

（9）可以减少为维持一个品牌而需要的广告商的数量。

为了充分利用整合营销传播带来的好处，企业也必须积极避免一些整合过程中的劣势。通过主动采取行动和制定规则来避免障碍，使公司能够在问题出现之前解决问题，并使其整个营销计划变得更加完善。应避免的一些主要障碍包括：

（1）沟通效率低下：为了使整合营销传播战略有效运作，企业需要销售、市场营销、公共关系、设计、产品等部门一起工作，如果一个企业具有谷仓效应，部门间各自为政，没有水平的协同机制，那么可能无法及时和有效地调整其营销传播信息。例如，公共关系部门可能没办法与传播部门合作。

（2）信息过载：太多的营销人员犯了向消费者提供过多信息的错误。这导致了信息混乱，消费者无法得到想要的信息。它违背了整合营销传播计划的目的。

（3）对内容管理比较难：所有整合营销活动都有大量直接与消费者分享的内容。然而，管理内容是一个挑战，特别是如果它涉及跨营销渠道、跨地域和拥有众多消费者细分市场的情况。更新每一份营销宣传品，根据受众的需求定制内容并不容易。

（4）衡量投资回报率可能很困难：Kantar 的研究显示，尽管 85% 的营销人员表示，短期和长期指标的组合是理想的，但是 40% 的营销人员仍然依赖于短期 ROI 指标。如果大量的营销渠道（如广播、电视、杂志、数字网络、社会媒体）同时参与一个营销计划，衡量投资回报率可能很困难，尤其是用不同的指标去衡量不同营销渠道的影响。

（5）限制创造力：在某些情况下，标准化的倾向可能会否定或减少创造性，业务单元可能会感到创意过程受限。如果某一个业务单元想尝试一个新的创意想法，他们可能无法这样做，除非它符合整体的整合营销传播战略。这可能会直接导致成功的创意想法受限。企业可以在小市场上测试新的创意方法，然后再将它们整合到总体战略中。

1.4　时尚整合传播的分类

虽然时尚整合传播看起来像是一个复杂的商业术语，但当你把它分解成各个部分时，你会发现它并不难理解。简而言之，时尚整合传播是让时尚企业的所有不同组成部分共同合作、开发和推广可销售的产品或服务的一种方法。

整合营销传播有五种基本类型：外部整合、内部整合、横向整合、纵向整合和数据整合。通过将这些不同的类型结合在一起形成的营销策略，将能够以一种高效的方式实现为其设定的营销传播目标。

（1）外部整合：当公司与外部资源打交道时，就会产生外部整合。这些资源可以是广告营销机构或公关公司。如果企业正在开发一种产品或一项服务，需要保持沟通渠道畅通，向世界传播企业的信息，此时，外部整合是很重要的。

（2）内部整合：内部营销整合意味着企业要努力让员工对公司的新项目感到兴奋，并将这种兴奋传递下去。当然，如果企业要推出一种新产品时，可能并不希望员工过早地透露细节，但企业员工的兴奋感会传递给公司之外的人。

（3）横向整合：当涉及产品或服务的实际开发时，横向整合显得非常重要。你需要让营销团队和制作团队进行交流，制作团队和商务团队进行交流。当需要确保沟通渠道畅通时，你会发现企业的横向交流会更顺畅。

（4）纵向整合：如果企业关注的是纵向整合，你会发现企业正在开发的产品或服务将符合统筹意义上的政策和结构。通过确保产品或服务与企业使命相一致，在制订生产计划方面无缝衔接，有极大优势。

（5）数据整合：当采用不同类型的整合营销并开发出产品时，企业就会拥有向客户展示产品所需的信息。通过参与广告制作过程，以及明智地使用公共关系，将日常业务数据整合，企业能够正确地选择营销工具来进行整合营销。

1.5　时尚整合传播在国内外的应用

无论过去还是现在，时尚的功用有很多，可以表达政治立场那样深刻的思想，也可以简单地展示一个人的个性。时尚本身就是一种沟通方式。除此之外，时尚总是能赋予产品超过其功用性的价值，这也是品牌溢价的来源。品牌形象是每个时尚品牌最重要的无形资产，是时尚行业品牌战略的重要组成部分。时尚企业投入相当大的营销预算用以建立品牌的排他性和独特性，并维护其高出产品价值的品牌定位。

时尚品牌在时尚营销领域面临着艰巨的任务，想要在不断变化的时尚行业里脱颖而出，对于营销人员而言可能是一个相当大的挑战。但欣慰的是，我们看到了不同的时尚企业在时尚整合传播中所做出的尝试和努力，这些努力成了时尚界非常有名的营销案例。

耐克以故事和情感征服人心

耐克作为一个全球知名的时尚品牌，其营销活动可以成为所有营销人员的榜样。虽然耐克曾有过竞争者和模仿者，但是耐克占据了美国运动鞋市场份额的 48% 和篮球鞋市场的 96%，从市场份额上来说，没有人能接近耐克。

耐克的营销策略是以故事和情感征服人心，这远比广告支出或名人代言深入得多。从 "Just do it" 到科林·卡普尼克（Colin Kaepernick），耐克一直在用能唤起回忆的、令人难忘的广告活动来提高品牌形象在消费者中的印象，这些故事动人心弦，易于留在消费者的脑海中。广告、故事和情感应用得都非常好，耐克运用这一切巧妙地构建了口碑营销。在时尚企业的整合营销传播尝试中，深入人心的情感故事往往能够在消费者中留下持久的品牌印象。

用户的好友推荐系统带来更多流量

Birchbox 的首席执行官卡蒂亚·波尚（Katia Beauchamp）和海利·巴尔纳是在哈佛大学商科学生时相识的。2010 年毕业时他们创建了一个基于订阅者的平台 Birchbox，在这个平台上，人们可以用较低的价格获得适合自己喜好的美容产品样品。

Birchbox 如何在三年半内爆发式增长到 85 万用户的？用户好友推荐

是扩大客户数据库的关键。平台对好友推荐模式给予激励，为消费者提供了更多分享的动力。每一位成功推荐朋友的用户每次都能得到 50 分推荐积分，这相当于 5 美元的在线消费金额。动一动手指就能获得巨大的回馈，Birchbox 的用户也非常乐意去分享他们所购买的产品，从而引发了一场"一传十，十传百"的病毒式推介营销，最终使这个时尚品牌成为拥有数百万粉丝的流量平台。在这个整合营销传播的尝试中我们看到，推介营销在时尚行业的营销活动中依然起着非常重要的作用，客户的推介营销甚至超过了其他营销方式，Birchbox 借此获得了巨大的成功。

时尚租赁平台用"体验经济"引领市场

2019 年，全球时装业零售总额达到 1.9 万亿美元，预计到 2030 年将超过 3 万亿美元。在时尚租赁的赛道上，Rent The Runway 被评为时尚界最影响力的公司之一，2018 年该公司年收入超 1 亿美元。

Rent the Runway 何以在时尚界占有重要一席？联合创始人詹妮弗·海曼（Jennifer Hyman）说她发现消费者并不在乎衣柜里服装的所有权，而是追求时装体验，人们想穿的更多而花的更少。"体验经济"扭转了快时尚的概念。有了这样的洞察力，创始人就去接触更大的奢侈品牌，寻求合作。在谈到如何维护品牌的形象和口碑时，海曼提道："通过鼓励顾客分享他们的服装照片，利用了口碑营销。"同时，品牌推荐计划鼓励顾客与朋友分享这个服装租赁平台。另外，当朋友访问他们分享的链接时，分享人可以获得相当于 30 美元的积分。正是这样的整合营销模式，让 Rent the Runway 在时尚行业里占有一席。

以消费价值观为纽带建立忠实的粉丝社群

Matter 是一家总部位于新加坡的服装公司，该品牌成立于 2014 年，专注于使用传统纺织印染制造方法（如木版印刷和蜡染）制作服装。

Matter 曾多次被 *Vogue*、*The Good Trade* 和 *Conscious Magazine* 等杂志刊登过，他们能走到今天这一步与合理的营销传播密不可分。

Matter 创始人看到了传统面料制作和传统艺术形式背后丰富的文化历史意义，他们制作的每一件衣服都是一个关于传统艺术形式的故事。当顾客购买他们的衣服时，他们也购买了一个关于传统艺术形式的故事。

心理学家加里·克莱因（Gary Klein）在《坚持》(*Made to Stick*) 一书中解释说，故事在激励人们行动方面很有效。当我们了解到一群手工艺人经过几代人的磨炼得以保存他们的手艺时，自然会产生一种钦佩的感觉。因此，对文化遗产的欣赏以及价值观的认同让消费者成为 Matter 的忠实支持者。

使用有意识、有针对性的广告

H&M 的区域营销团队会有意识地根据当地市场的情况量身定制广告活动。H&M 也经常用不同外貌、风格、文化和民族背景的模特，向顾客展示该品牌的包容性。例如，在 2015 年名为 "Close the Loop" 的宣传活动中，23 岁的穆斯林女性 Mariah Idrissi 成为第一位戴着穆斯林头巾登上 H&M 广告的模特。除了 Mariah，这段广告中还有一位上了年龄的男扮女装者、一位大码模特和一位使用义肢的拳击手。虽然 Mariah 在 H&M "Close the Loop" 广告中只出现了短短几秒钟，但戴着穆斯林头巾出现在时尚广告中这件事本身就很有意义。*TeenVogue* 称赞这一活动具有文化多样性。在此次营销之前，H&M 也是花了大量精力进行市场调研，了解本地的受众，以迎合他们的口味和偏好、避免文化禁忌。

第2章 时尚整合传播的主体客体

时尚整合传播的主体和客体是时尚整合传播的一对基本概念。主体指品牌，即在整合传播过程中塑造品牌形象的对象。客体指消费者，消费者决定了企业盈利与否，是整合营销传播首要关注的对象。除了品牌与消费者外，股东、员工、供应商、分销商、社区、媒体特殊利益群体等也分别会对品牌发展造成影响，他们被称为时尚整合传播过程中的利益相关者。因此，整合营销传播不仅应该关注主体、客体，而且应该拓展到与其他利益相关者的互动。

2.1 主体：品牌

进入数字媒体时代，市场环境中的产品和服务供大于求，越来越多的企业认识到，要想赢得消费者的认可，必须建设品牌。建设品牌包括开发和实现一些可识别的功能，以便消费者能够将自己与品牌联结起来。建设品牌可以提高产品和服务在消费者中的认知度，让品牌在市场中拥有竞争优势。

品牌会在产品和理想客户之间建立一座桥梁，帮助理想客户毫不犹豫地选择此品牌的产品，品牌在营销活动中至关重要，它有助于帮助客户识别企业的独特性。它通常包括一个名字、标语、标志或符、设计和声音，也指企业的潜在价值和客户在与企业互动时所感受的整体体验。

2.1.1　品牌的定义

那么，什么是品牌？让我们从这个词的演变开始。

最初，品牌的目的是确定某种产品或服务属于某个实体。几千年来，人们在商品上刻字、烧字，用以识别它们的私有性。由此产生了两个词——来自希腊的"marking / mark"是指代陶瓷、茶叶和早期贸易商品上的符号；来自古挪威的"branding / brand"意为用来标识家养动物身上烙印的符号。随着时间的推移，"mark"在德语、意大利语、法语中逐渐确立了自己的地位，而"brand"则成为英语中"标记"的通用术语。"brand"衍生为"品牌"这个概念在 20 世纪初变得更加明确，但直到 20 世纪 80 年代，随着"品牌咨询"的出现，"品牌"一词的使用频率呈现出了爆发式的增长。

但是，"品牌"究竟意味着什么？早期的品牌用来区别私有财产，识别物件归属，便于顾客识别产品，防止竞争者调换，是某种品质与声誉的承载物。美国营销协会认为：品牌是一种名称、术语、标记、符号或图案，或是他们的相互结合，用以识别某个消费者或某群消费者的产品或服务，使之与竞争对手的产品或服务相区别[6]。品牌专家大卫·艾克认为：品牌能够向消费者表明产品的来源，并保护消费者和生产者的利益，使其免受同类产品的损害[7]。两者都认为，品牌作为外在的视觉和听觉符号，主要是为了区隔、识别产品和服务。

更进一层的含义，品牌专辑家约翰·菲利普·琼斯认为：品牌是能为顾客提供其认为值得购买的功能利益或附加价值的产品[8]。这一定义提出了除了品牌功用性的作用以外的附加价值。Interbrand 公司的创办人约翰·墨菲对品牌的定义强调了品牌的无形价值，他认为：品牌是一个商标，可以通过管理、促销等手段进入消费者心中，它具备了特定的有形或无形的价值和特色[9]。这里强调，品牌不仅具有使用价值，还包含了品牌溢价。

综上可见，品牌是一个综合性的概念。我们认为，品牌具有三层含义：能够提供独有的产品和服务，能够让消费者区别的视觉或听觉符号，能够维护消费者关系的有形或无形的资产。从第一层含义上来看，品牌必须具有提供独特产品和服务的能力，才能够形成销售和市场。第二层含义代表品牌所承载的实体内容，例如品牌名称、标志、口号、象征物。第三层含义点明了品牌的无形内容，例如品牌知名度、认知度、联想度和客户忠诚等。

2.1.2　品牌的内涵

对于许多没有市场营销背景的人来说，品牌这个概念有点抽象和模糊。让我们把它分解：品牌企业如何被消费者感知？创造这种被消费者感知的要素是什么？

例如，你的品牌可能是高档服装品牌店，消费者能够清晰地知道服装店面的名字。虽然在这条街上有很多服装店的生意，但没有一家像你的一样，导致顾客选择你的服装店而不是别家的服装店。

那么，到底是什么造成了这样的局面？"现代营销学之父"菲利普·科特勒综合了其他相关学者的论述，认为品牌之所以有别于其他同类型产品，能表达出以下六大内涵[10]：

（1）品牌声音。品牌声音是品牌展示出的品牌特点，是产品或服务的核心价值和特征，而不是看你做什么或卖什么。品牌声音包含硬属性和软属性，硬属性是指品牌的名字、标志、口号、愿景、公司网站等；软属性是品牌的可信度、独特性、吸引力和超越性等。

（2）品牌认同。品牌认同能够转化成功能和情感利益。利益性越高可能导致消费者更多地尝试该品牌。

（3）品牌识别。品牌的独特性能够识别品牌的消费群体，也就是品牌的使用者。

（4）品牌价值。品牌体现了该企业的某种价值感，不仅限于财务上的价值，而且包含基于品牌资产衍生的客户对品牌的重视程度。

（5）品牌个性。品牌个性赋予品牌以人的特征。品牌通过与消费者一致的个性特征来增加其品牌资产。例如，真诚善良的品牌往往能够收获忠实的粉丝，而实用性的品牌往往能够收获理性的消费者。

（6）品牌文化。品牌能够反映出一套符号、价值观和行为。根据大量的市场研究，消费者更喜欢购买与自己的文化、价值观和行为相匹配的品牌。

2.1.3 品牌形象

2.1.3.1 品牌形象的定义

品牌形象对于企业的发展有着重要的意义。对于一个企业来说，品牌形象越好，企业就越有竞争力，在消费者心中的地位就越高。优良的品牌形象不仅是企业的竞争手段，而且是企业可持续发展的基础，在一定程度上决定了销售业绩的高低。

关于什么是品牌形象，许多学者都给出了自己的定义，以下是三位著名品牌学者提出的品牌形象的定义。

菲利普·科特勒认为："品牌形象是存在于消费者记忆中的品牌联想所映射的对于品牌的知觉。"菲利普·科特勒认为，品牌形象复杂多样，每一位消费者情况不同，对企业产品的认知也不一样。企业在市场上的占有率有差别，企业产品信息的传播效果有差别，消费者接收到的信息有差别，从而导致品牌形象复杂多样。因此，对任何企业来说，形成一致的品牌形象都是一项艰巨的任务。

大卫·艾克认为品牌形象是："与产品属性、利益或价格等相关的、以有意义的方式组织起来的关联形式。"[11]在大卫·艾克的定义中，品牌形象具有多重组合性，是由产品属性、利益、产品价格等多重因素的多种特性组合而成。在这里，产品属性的差异性（质量、尺寸、产地等）、利益相关性（高贵、典雅、时尚等）、价位（平价、奢侈品、廉价等）多重指标的组合会构成品牌的整体形象。

凯文·凯勒认为品牌形象是："消费者心目中对品牌认知的联想物"[12]通过"联想物"的类型、强度、偏好、独特性可以建立起品牌形象。这里的联想物可以是产品属性、利益、价格，也可以是对品牌的态度、对产品的偏好程度。成功的营销策略就在于建立消费者的品牌联想，当消费者在某一品类中有消费需求的时候，首先联想到的品牌自然与欲望和需求挂钩。

以上定义，总结起来包含以下要点：

- 品牌形象是一种联想物。
- 品牌形象能够反应价值和信息。
- 品牌形象与消费者态度、心理因素相关。
- 品牌形象可以被建立和摧毁。

总的来说，品牌形象即消费者对品牌的感知，是顾客对品牌的信念、想法和印象的集合。这个形象是会随着时间发展而变化的，顾客通过与品牌的互动和体验形成对品牌的印象。建立品牌印象的方式有很多，并不一定涉及产品和服务的购买或使用。直接体验品牌并接收相关信息，或者根据已有的品牌知识间接进行推断，也可以获得品牌感知。假设品牌的属性和收益满足了顾客，在这种情况下，顾客对该品牌的整体态度是正面的，就可以说该品牌具有正面的品牌形象。

2.1.3.2 品牌形象的重要性

实践证明，品牌形象的好坏会极大程度地影响消费者购买决策，进而影响品牌销售业绩。具体来说，品牌形象的重要性包括以下四点：

（1）品牌形象是形成购买的关键因素。品牌形象可以对品牌产生积极的影响，对品牌获得更大的市场份额至关重要。优秀的品牌形象还可以收取更高的品牌溢价或更成功地实施品牌延伸策略。

（2）品牌形象能够塑造声誉。一个积极的品牌形象意味着现有的和潜在的客户认为品牌能够满足他们的需求（通过产品的物理属性和利益，或更多的无形利益，如理想的价格）。品牌形象的好坏在消费者心中占据重要位置，能够形成积极/消极的声誉。

（3）品牌形象反映管理水平。在消费者眼中，品牌形象可以反映出企业管理的好坏和满足市场整体需求的多少。这将影响到品牌与其他现有公司的竞争能力。在一段时间内甚至是长期内赢得一个好的品牌形象，能够给消费者一种踏实可靠的信任感，从而成为值得信赖的品牌。

（4）品牌形象有利于品牌延伸。如果品牌形象良好，就可以利用良好的品牌形象来扩展新的产品类目，进行品牌延伸。例如，故宫、颐和园等文化机构作为中国传统文化的传承者，在国人心目中具有很强的影响力，因此由故宫文化延展出的系列彩妆、周边衍生品等，也受到消费者的喜爱。

2.1.3.3 品牌形象的建立

由于品牌形象具有复杂性和多元性，单靠一种传播手段无法到达消费者心里。由此，整合营销传播就成为建立品牌形象的重要手段。在整合营销传播过程中，公司不仅为消费者提供产品和服务，而且要从消费者认知开始全面建立品牌形象。建立品牌形象，要从以下四点入手：

（1）加强品牌识别。一个公司不能控制其在消费者心中的品牌形象，但能管理它的品牌识别系统（CIS）。因此，真正理解品牌想要打造出什么样的形象，从品牌识别系统入手，有效地传达给市场和其他方面，将会确保公司建立积极的品牌形象。同样，确保品牌的价值观和品牌目标受众的一致性也是至关重要的。以客户为中心，可以间接影响消费者对品牌形成的联想，从而间接影响品牌形象的塑造。

（2）创造良好的客户体验。品牌形象主要是通过顾客对品牌的直接体验而形成的。因此，在所有客户接触点留下良好印象变得至关重要。可以是在线体验，也可以是具有优秀的客户服务的实体店体验。这意味着要有训练有素、充满热情的员工，还要确保店面干净整洁、有吸引力，符合品牌想要的身份。

（3）正确地定位品牌。定位是指品牌打算如何以独特和个性化的方式向目标客户传递价值。例如，亚马逊（Amazon）的定位是"通过使用互联网技术帮助消费者找到、发现和购买任何东西，并不断提高客户体验的标准"。这就直接说明了亚马逊希望消费者如何去看待它。如果能够成功地把这种观念传递给消费者，亚马逊就可以间接地建立自己的品牌形象。

（4）提供有效的沟通手段。如果没有有效的沟通平台，就无法塑造消费者对品牌的真实印象。

2.1.4　品牌形象识别系统

企业成功的动力是什么？普华永道（PWC）的一则调查显示，良好的企业形象有助于企业的成功。普华永道曾调研过 720 名企业高管，他们认为，拥有更强身份识别的公司的评分比那些没有身份认同的公司要高出25%。企业成功的基础是足够了解自己的品牌，利用独特的优势建立一个清晰的身份识别，从而超越竞争者。

以调查中表现优异的品牌——苹果、宝马和可口可乐为例，只要提到它们的名字，独特的品牌标志就会出现在你的脑海里。这是因为，这些品牌通过精心的规划设计和一致的营销推广，创造了一个强有力的品牌形象，从而被消费者识别和记住。正是通过创造一个如此强大的身份识别，使得品牌获得了巨大的成功。

2.1.4.1　什么是品牌形象识别系统

那么，前文所说的"身份识别"是什么？其核心思想是指企业有意识、有计划地将本企业的各种特征主动向社会公众进行展示与传播，使他们对企业形成标准化、差别化的印象。我们称其为品牌形象识别系统（Corporate Identity System，缩写为 CIS，通常简称为 CI），这个概念是 20 世纪 70 年代由美国广告顾问提出的。一般来说，品牌形象识别系统包含企业的名称、标准色、字体、图像、风格指南以及公司一系列配套设计。很多公司有一套完整的企业识别系统来规划和设计商品及相关领域，以保持品牌形象的视觉连续性与稳定性。

品牌形象识别系统主要包含三大部分：理念识别（Mind Identity，简称 MI）、行为识别（Behavior Identity，简称 BI）、视觉识别（Visual Identity，简称 VI）。很多企业非常注重品牌形象识别系统，会花费大笔资金在品牌形象识别系统的建设方面，期望能设计出与众不同的识别系统，使品牌更能吸引目标群众。

2.1.4.2　品牌形象识别系统的要素

如果品牌的外观和感觉不能反映品牌的经营类目以及如何运作，那么，品牌形象和别人对品牌的看法之间就会有差距。这不仅会削弱品牌形象，还会让观众产生不信任的感受。所以，企业想要更好地经营自己的品牌或改善品牌形象，必须考虑三个基本要素：

（1）品牌的理念识别系统。理念识别系统具体含义是企业在长期的经营实践活动中形成的与其他企业不同的存在价值、经营方式，以及生产经营的战略、宗旨、精神等。它属于思想、意识的范畴。在发达国家中，越来越多的企业日益重视品牌的理念，并把它放在与技术革新同样重要的地位上，通过品牌理念引发、调动全体员工的责任心，并以此来规范全体员工的行为。理念识别是企业独特个性的价值观念体系，是企业特有的经营哲学，企业的灵魂，企业经营管理的核心。它不仅是一企业经营的宗旨与方针，还包括一种鲜明的文化价值观。对外，它是企业识别的尺度；对内，它是企业内在的凝聚力。完整的企业识别系统的建立有赖于企业经营理念的确立。

品牌的理念识别系统包括：经营理念、经营宗旨、口号、标语、企业价值观、风格以及 CIS 手册。MI 是品牌形象识别系统的"心"，直接指导和决定着品牌的行为识别（BI）和视觉识别（VI）。

（2）品牌的行为识别系统。行为识别系统是指在企业实际经营过程中，以明确而完善的经营理念为核心，显现到企业内部的制度、管理、教育等行为，对所有企业行为、员工操作行为实行系统化、标准化、规范化的统一管理，以便形成统一的企业形象。

企业行为识别通常分为内部行为识别和外部行为识别。内部行为识别是指对内建立完善的组织制度、管理规范、职员培训、福利制度以及行为规范制度；外部行为识别是指在进行企业外部的开拓市场、产品开发、社会公益文化以及营销活动行为时对外传达一致的企业理念，以获得社会公众对品牌的认同。行为识别系统是品牌形象识别系统的"手"，是对企业运作方式所做的统一规划而形成的动态识别，承载着企业对内对外的一切行为，是企业理念识别的重要载体。

（3）品牌的视觉识别系统。视觉识别系统是指运用系统的、统一的视觉符号传达体系，将企业理念、文化特质、服务内容、企业规范等抽象语意转换为具体符号的概念，塑造出独特的企业形象。视觉识别是静态的识别符号具体化、视觉化的传达形式，项目最多，层面最广，效果更直接。

视觉识别系统分为基本要素系统和应用要素系统两方面。基本要素系统包括：企业名称、企业标志、标准字、标准色、象征图案、宣传口号、市场行销报告书等。应用场景包括：办公事务用品、生产设备、建筑环境、产品包装、广告媒体、交通工具、衣着制服、旗帜、招牌、标识牌、橱窗、陈列展示等。视觉识别最具有传播力和影响力，在 CIS 系统中占有主导地位，因其涉及企业的外在形象，故而被称为品牌形象识别系统的"脸"。

2.1.4.3　CIS 在不同国家地区的发展

由于不同国家和地区的文化背景和企业情况不同，CIS 的发展情况也不一样。最早建立 CIS 的是德国 AEG 电气公司，早期成功导入 CIS 的当属美国国际商用机器公司（IBM），紧随其后的可口可乐公司将其推向高潮，好学的日本人在 20 世纪 60 年代就觉察到 CIS 为欧美企业带来了无限的财富，于是他们也积极引进 CIS，并予以深化，形成日本式的CIS 体系。

CIS 在欧美的发展更偏重于 VI 的开发，品牌更偏重在视觉冲击力上给消费者留下深刻印象。例如，1955 年 IBM 公司最早成功导入 CIS 战略。通过 CIS 的开发，确立了 IBM 的高端科技的企业精神与性格。为在公众心目中留下一个具有视觉冲击力的形象标记，设计师将 "IBM" 三个字母创造出具有美感的造型，选蓝色为标准色，蓝色条纹构成的 "IBM" 标志，象征高科技 "蓝色巨人" 的形象，成功地给消费者留下了深刻的印象，获得了巨大的成功。1970 年代，可口可乐更新视觉标志。其设计的标志采用红白相间的条纹，具有强烈的视觉冲击力，表现出韵律感和流动感，鲜红底上潇洒动感的白色标准字体，使标志性的红色在公众心里产生健康、热烈、青春、朝气的感觉。可口可乐公司在其强大的 CIS 辅助之下，成为世界最具影响力的品牌之一。

日本 CIS 战略起源于 1970 年代。CIS 在六七十年代传入日本后，不像美国企业停留在标识、标准字及相关设计系统上，日本企业更看重企业在经营中的价值观和企业宗旨的差别化。日本企业的 CIS 注重 MI 与民族文化结合，从 MI 出发，形成以文化理念、经营哲学、企业精神。CIS 战略为日本企业树立了良好的企业形象，并创造了很多全球品牌，比如：卡西欧公司的 "创造与奉献"、东芝公司的 "东芝站在尊重人性的立场，为人类社会的进步和发展而作贡献"、松下电器的 "竭诚产业人的本分，积极改善国民生活" 等。

直到 20 世纪 80 年代，改革开放的春风吹遍了中国大江南北，城市经济得到迅速发展，人们的观念开始更新，于是 80 年代中后期 CIS 登陆中国这块广袤的大地，人们也开始对 CIS 有了一个朦胧的认识。1988 年广东"太阳神"公司导入 CIS 战略，短短几年便成为保健行业巨头。90 年代，许多企业导入 CIS，获得巨大成功，显示了 CIS 的无穷魅力，CIS 在国内热潮涌动。

2.1.5　品牌资产

在竞争日益激烈的市场环境中，品牌面临着争夺市场份额以及保持客户忠诚度的挑战。品牌用以保障这一切的一个重要方法就是理解品牌资产的含义，并将长期建立和管理品牌资产。为了保持领先地位，品牌需要考虑通过各种营销举措来提高品牌意识。

2.1.5.1　品牌资产的定义

品牌资产（Brand Equity），在市场营销中是指一个品牌本身的价值，即一个知名品牌的社会价值。因为消费者认为知名品牌的产品比不知名品牌的产品更好，所以一个知名品牌的所有者仅仅通过品牌认知度就可以获得更多的收入。

品牌资产的一个流行定义是著名的营销理论家、教授大卫·艾克（David Aacker），他在《管理品牌资产》中将品牌资产定义为："以品牌知名度、品牌关联性和客户忠诚度等形式存在的一系列资产或负债，由品牌驱动的这些资产或负债会增加或减少当前或潜在产品／服务的价值。"（Aacker，1991）

在研究文献中，人们对品牌资产从认知心理学和信息经济学两个不同的角度进行了研究。认知心理学认为，品牌资产在于消费者对品牌特征和联想的认识，从而驱动感知。而信息经济学的观点则认为，一个强大的品牌名称对于不完全知情的买家来说是一个可靠的产品质量信号，并产生价格溢价作为品牌投资的回报形式。实证研究表明，品牌资产对价格结构起着重要作用，特别是在控制了产品差异化后，与普通同类产品相比，企业能够收取由品牌资产衍生的价格溢价。[15]

品牌可以通过创造令人难忘、易于识别、质量和可靠性更高来的产品为其创造品牌资产，大众营销活动也有助于创造品牌资产。当一家公司拥有品牌资产时，即使可以以更低的价格从其竞争对手那里得到同样的东西，客户也愿意为其产品支付高价。品牌资产体现出以下三个特点：

（1）品牌资产指一个公司从其品牌知名度中获得的价值。

（2）品牌资产有三个层面：消费者感知、消极或积极的影响、由此产生的价值。

（3）品牌资产直接影响产品的销量和公司的盈利能力，因为消费者倾向于购买拥有良好声誉的产品和服务。

其中，消费者的感知最为重要，消费者对品牌的认知会直接产生正面或负面的影响。如果品牌资产越多，那么其对企业和它的产品具有积极的影响。相反，品牌资产越少，甚至为负值，则会对企业和产品产生消极的影响。此外，这些影响可以转化为有形的或无形的价值。有形价值通常表现为收入或利润，无形价值表现为指市场营销中的声誉。[16]

品牌资产在战略上至关重要，但众所周知，它难以量化。许多专家已经开发了分析这一资产的工具，但还没有固定的方法来衡量它。作为市场营销专业人士和学者的系列挑战之一，品牌资产在定量和定性价值之间的脱节很难调和。定量品牌资产包括利润率和市场份额等数值，但未能涵盖声誉和利益关联等定性元素。由于这一挑战，大多数营销从业者采取定性的方法来看待品牌资产。

一些市场研究人员得出结论，品牌是一个公司最有价值的资产之一[17]。品牌资产评估可以包括（但不限于）：不断变化的市场份额、利润率、消费者对标识和其他视觉元素的认知、消费者对品牌的联想、消费者对质量的感知以及其他相关品牌价值。

消费者对品牌的了解程度也决定了制造商和广告商如何营销该品牌[17]。一般来说，品牌战略投资会随着时间的推移增值，从而带来投资回报，这与营销投资回报率（ROI）直接相关。不过有时，没有战略指导，品牌资产也可以增值。2011年斯德哥尔摩大学的一项研究记录了耶路撒冷的城市品牌的案例，描述了耶路撒冷如何有机地把城市发展成一个品牌，并且在几个世纪的过程中，通过非战略性的活动，城市品牌经历了巨大的资产增值。耶路撒冷蓬勃发展的旅游业是营销投资回报率的最明显指标。[18]

2.1.5.2 品牌资产对投资回报的影响

品牌资产可以通过以下方式对营销投资回报产生积极影响：

（1）客户订单价值。如果品牌具有正向的品牌资产，人们可能会花更多的钱购买这些产品，这就能促成更高的利润率。生产一种产品可能要花费与竞争对手相同的成本费用，然而，消费者愿意为品牌名称付费。例如，相比于知名度较低的普通品牌，消费者更愿意去购买一双名牌鞋款。

（2）声誉与广告支出。在推出一款新产品的时候，如果品牌具有良好的声誉，可以节省广告支出，因为品牌与消费者之间已经建立了信任。

（3）客户终身价值。如果消费者忠于某个品牌，他们会购买更多此品牌的产品。苹果经常被认为是拥有最高品牌资产的组织之一。苹果用户倾向于拥有更多其他苹果产品，而Android用户通常不会忠诚于某个特定的技术提供商。

（4）顾客忠诚度。有调查显示，消费者原谅他们所忠诚的品牌所犯错误的可能性是其他品牌的7倍。此外，消费者尝试他们忠实品牌的新产品的可能性是普通品牌的9倍。足以可见，顾客的忠诚度作为品牌资产之一对投资回报率的影响力。

（5）股票价格。强大的品牌资产可以增加品牌的股票市场，提升股票价格。

2.1.5.3 大卫·艾克的五星资产模型

品牌资产是一个多维度和复杂的概念，但对它的理解仍然是一个品牌实现其竞争潜力的核心。大卫·艾克认为，品牌资产是与品牌、品牌名称和标志相联系的，能够增加或减少企业所销售产品以及所提供服务的价值。品牌资产基于5类资产：

（1）品牌忠诚度（Brand Loyalty）。品牌忠诚度意味着，真正相信品牌价值的消费者通常会频繁重复购买，而不是在不同品牌之间切换。高品牌忠诚度保证了业务的稳定，使组织能够获得更大的市场份额。

品牌忠诚度是在购买决策中多次表现出来的对某个品牌有偏向性的（而非随意的）行为反应，也是消费者对某种品牌的心理决策和评估过程。品牌忠诚度作为消费者对某一品牌偏爱程度的衡量指标，反映了对该品牌的信任和依赖程度，也反映出一个消费者由某一个品牌转向另一个品牌的可能程度。

品牌忠诚是品牌资产的重心所在，可分为：

- 认知忠诚：认为该品牌优于其他品牌。
- 情感忠诚：使用后对该品牌形成偏爱。
- 意向忠诚：不时有重复购买冲动。
- 行为忠诚：将意向转化为实际行动，甚至愿意克服阻碍实现购买。

品牌忠诚度是完完全全属于消费者的一个维度。现在是一个分享的社会、全民皆媒体的社会。品牌忠诚度不仅包括消费者对该品牌的信任和依赖程度，还细化到消费者如何分享该品牌，营造忠诚氛围。

（2）品牌知名度（Brand Awareness）。品牌知名度是指消费者对一个品牌的认知程度。当顾客搜索某一特定产品时，拥有高品牌资产的品牌就会跃入脑海。这也被称为品牌显著性，品牌在消费者心中占有突出的地位。

关于品牌知名度的层级与价值，一般把知名度分为四个层次：最低层次是"无知名度（Unaware of Brand）"，再往上一个层次是"品牌识别（Brand Recognition）"，即经过提示后能够说出品牌名字，比如当被问到家具中有哪些品牌时，你可能说不出什么品牌，但经过提示后能够说出某个品牌；再往上一个层次是"品牌回想（Brand Recall）"，是指在看到或想到某些特定事物的时候能够联想起该品牌，不经提示也能够说出一个产品类别中有关的品牌名字；最高层次是对品牌铭记在心，是指被调查者在未提供帮助时能想到的第一个品牌名称，即在没有任何提示的情况下，提某一个产品类别就立刻想到并说出品牌名。每一个产品领域都有某一个具有"第一提及知名度"的品牌，它们是市场领导者，或者说是强势品牌。品牌知名度的层次呈一个金字塔模型，显然越往上发展越难实现，故而称为品牌知名度金字塔。

（3）品质认知度（Perceived Brand Quality）。品质认知度指消费者对某一品牌产品在其品质上的整体印象，是对其产品/服务质量的认可程度。这一元素的核心是品牌在高品质产品和客户体验方面的声誉较好，消费者往往愿意为高品质的产品支付溢价。

品牌认知度主要通过以下五种途径来创造价值：

- 提供给消费者一个购买的理由（消费者最终的选择）。
- 品牌产品高价位的基础（品牌溢价）。
- 差异化定位的基础（顾客差异化、渠道差异化、产品差异化）。
- 容易受到渠道的欢迎（渠道商选择公众认可的高品质产品分销）。
- 品牌延伸性（品质认知度越高，越有利于延伸）。

（4）品牌联想度（Brand Association）。品牌联想是指任何与品牌相关的事物，它能唤起积极或消极的情绪，是对产品特征、消费者利益、使用场合、产地、人物、个性等的人格化描述。这些联想往往能组合出一些印象和意义，形成品牌形象。

例如，产品的功能、社会或情感利益。更广义地说，这涉及品牌的整体形象，以及消费者能够由该形象联系在一起的事物。如果消费者将积极的属性与品牌联系在一起，就意味着该品牌拥有较高的品牌资产。

品牌联想大致可分为三个层次：

- 品牌属性联想（麦当劳提供汉堡包、薯条）。
- 品牌利益联想（爱马仕代表尊贵、高端）。
- 品牌态度（海底捞工作人员服务好）。

（5）其他品牌专有资产（Other Proprietary Assets）。其他品牌专有资产包括专利、专有技术、分销渠道、贸易合作伙伴、销售网络、管理制度、企业文化等。这些资产能够确保其他品牌无法通过使用相似的名称或使用非常相似的包装来混淆消费者，并与品牌的客户群竞争。

2.1.5.4　以客户为基础的品牌资产模型

达特茅斯学院塔克商学院（Tuck School of Business at Dartmouth College）营销学教授凯文·凯勒（Kevin Keller）建立了CBBE（Customer-based brand equity）品牌资产模型，并将其发表在他的教科书《战略品牌管理》（*Strategic Brand Management*）中。这个品牌资产模型解决了四个关键问题：品牌标识、品牌内涵、品牌反应、品牌关系，直接关系到消费者对品牌的看法以及他们对品牌的态度。

凯勒的品牌资产模型也被称为以客户为基础的品牌资产模型。品牌资产模型背后的概念很简单：为了建立一个强大的品牌资产，品牌必须塑造顾客对其产品的想法和感觉，这样顾客就会有具体的、积极的想法、感受、信仰、和观点。当品牌拥有强大的品牌资产时，顾客会从品牌那里购买更多，他们会将品牌的产品继续推荐给其他人。图2-1所示的模型说明了建立强大品牌资产需要遵循的四个步骤。

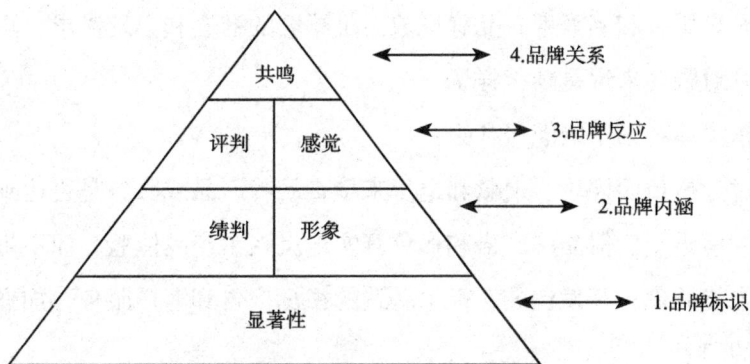

图2-1 凯勒的品牌资产模型

金字塔的四层代表了顾客对品牌的四个基本问题，包含了六个构建模块，如果能够到达金字塔的顶端，就能够发展出一个成功的品牌。

第一级：品牌标识（你是谁？）

可以提出一个问题："是什么使你独一无二？"这是客户如何看待你的品牌，并区别于其他品牌的关键所在。它的作用是双重的：能够确定品牌在市场环境下的独特的卖点（USP），能够让顾客知道你是谁。品牌标识量化了顾客对品牌认知的广度和深度。

营销主体在第一级能做什么：

确定品牌的USP——为什么消费者会选择你的品牌而不是竞争对手；进行市场调查，以确定品牌的目标受众和需求；通过定向广告活动来瞄准客户，确保他们知道品牌，从而了解品牌的USP。

第二级：品牌内涵（你是什么？）

一旦顾客了解了一个品牌，他们就会想更多地了解此品牌产品。他们会对产品的特性、外观、风格、可靠性、耐用性、顾客体验和性价比等提出质疑。品牌需要为消费者提供可靠的质量，从而在客户心中创造积极的品牌联想。出于品牌声誉的目的，第二级被分为两类：品牌绩效（理性）和品牌形象（情感）。品牌绩效涵盖了产品的功能、可靠性、耐用性、价格以及客户服务和满意度；品牌形象满足顾客的社会和心理需求，意味着这个品牌对顾客来说是什么样子。

营销主体在第二级能做什么：

通过分析负面评论、退款和退货来检查品牌产品或服务是否达到了它所宣传的承诺；确保品牌广告和形象真实地反映了产品体验，而不是过度承诺或未能兑现；开发包装、标志一致的视觉广告和客户服务，加强客户对品牌的印象。

第三级：品牌反应（对品牌有什么感觉？）

在 CBBE 模型的这个层次上，判断和感觉很难分开，而且对每个客户来说都是非常独特的。一个顾客可能会认为这个品牌与他无关，而另一个顾客会觉得品牌与他完全相关，从而对产品进行严格的价值比较。再加上实际的互动和个人感知的不同，能够发现量化客户对一个品牌的感觉和信任度是多么的困难。但品牌反应代表着消费者对品牌的评判和感觉，在品牌资产 CBBE 模型中处于一个具有影响力的地位，也应该受到重视。

营销主体在第三级中可以做什么：

通过社交媒体渠道和其他数据来源跟踪客户反馈，以确定痛点和客户投诉；改正那些消极的事情；进行品牌认知调查；提供优惠和折扣，以加强客户与品牌的情感纽带。

第四级：品牌共鸣（强大的关系）

凯勒的 CBBE 模型的顶点是共鸣，当消费者对品牌具有以下特点的时候，一个品牌就具有了强大的品牌资产：

对品牌忠诚；认同品牌的优越性；不打算买其他品牌产品；同意加入品牌社区或粉丝群，并时时关注；向别人宣扬品牌的优点。

体验、客户服务、产品都能让顾客产生共鸣，而网络评分是衡量消费者与品牌共鸣的一个很好的方法，它会展示出客户对品牌及产品的认可度有多高。

营销主体在第四级能做什么：

尽你所能把忠诚的客户保持在 CBBE 金字塔模型的顶端；将第四级客户视为 VIP，提供奖励、免费礼品、会员专属活动和折扣；找出并强化引起顾客共鸣的原因。

建立以客户为基础的品牌资产是一条漫长而艰难的道路。从金字塔最底层开始，建立一个良好的品牌形象，然后让客户逐渐了解你的品牌和业务，最终将创造一个人们喜欢、信任并获得成功的品牌。

2.2 客体：消费者

消费者是企业的首要利益相关者，以消费者为中心是时尚整合传播的首要原则。随着市场竞争日趋激烈，4Ps 理论越来越受到挑战。1990 年，美国学者罗伯特·劳特伯恩（Robert Lauterborn）教授在其《4P 退休 4C 登场》中提出了与传统营销的 4Ps 相对应的 4Cs 营销理论，即以消费者需求为导向，重新设定了市场营销组合的四个基本要素，瞄准消费者的需求和期望。消费者对于时尚整合传播来说意义重大，消费者之所以重要，是因为他们推动收入增长，没有他们，企业就无法继续生存下去。整合营销传播的过程始于消费者，目的就是要与时尚消费者建立联系，最终通过整合传播来影响其消费者行为。

2.2.1 观念的变迁

整合营销是在过去的一段时间里被证实是成功的。然而，现在的整合营销已经发生了变化，远远超出了它最初的定义和范围。最初，整合营销纯粹以"公司为中心"，或者更确切地说，"活动为中心"和"信息为中心"，把各种营销方法和策略灌输给消费者，如直接营销和广告。1960 年

代由杰瑞·麦卡锡（Jerry McCarthy）教授在其《营销学》一书中提出的
4Ps（Product、Price、Place、Promotion）理论就是代表。4Ps强调市场上
的产品形态，其次是产品定价的因素，然后要了解产品经历的各个分销渠
道，最后还应以产品本身为中心实施的一系列营销行为。4Ps抑或是7Ps模
型现在被认为过于注重大众营销，却忽略了消费者。

相比之下，4Cs营销更适合我们的现代商业环境。4Cs营销理论是1990
年代由罗伯特·劳特伯恩提出的。它以消费者需求为导向，重新设定了市
场营销组合的四个基本要素：即消费者（Customer）、成本（Cost）、便利
（Convenience）和沟通（Communication）。它强调企业首先应该把追求顾
客满意放在第一位，其次是努力降低顾客的购买成本，然后要充分注意到
顾客购买过程中的便利性，而不是从企业的角度来决定销售渠道策略，最
后还应以消费者为中心实施有效的营销沟通。4Cs是对4Ps营销的最直接
回应，4Cs更能映射出消费者需求。与其专注于"企业可以创造什么"的
过时理念，不如专注于"客户需要什么"。简而言之，消费者的欲望和需
求才是产品与市场匹配的关键。

Product（产品）→ Customer（消费者的需要与欲求）

Price（价格）→ Cost（满足消费者的需要与欲求所付出的成本）

Place（销售渠道）→ Convenience（消费者以购得商品的方便性）

Promotion（单向促销）→ Communication（与消费者双向互动）

总的来看，整合营销的观念变迁从关注产品变成了关注消费者的需求
与期望；关注产品价格变成了关注消费者的购买成本，不仅包括其货币支
出，还包括其为此耗费的时间、体力和精力消耗以及购买风险；关注产品
的销售渠道变成了消费者购买产品的便利性；关注单向促销活动变成了与
消费者的双向互动。

除了营销理论观念的变迁以外，营销模式也发生了改变，由最初的
"由内而外"的营销模式变成了"由外向内"的营销模式。这里所说的

"由内而外"是指，最初的营销是根据财务或销售数量的目标来制定营销成本，计算营销活动可能贡献的利润，再根据利润率计算出营销基金数，从而把营销基金分配到获客成本中，根据此种思路选择营销模式。这种营销模式就是由企业内部主导，并由内部决定并实施到外部的一种方式，简单来说，就是遵循了4Ps的营销理论。但"由外而内"的营销模式恰恰相反，是通过分析如何挖掘新兴用户、留住现有客户、增加潜在新客户、减少客户流失的方式制定营销目标，是以消费者为主导，再倒推回企业内部进行营销预算和成本控制的一种营销模式（图2-2）。

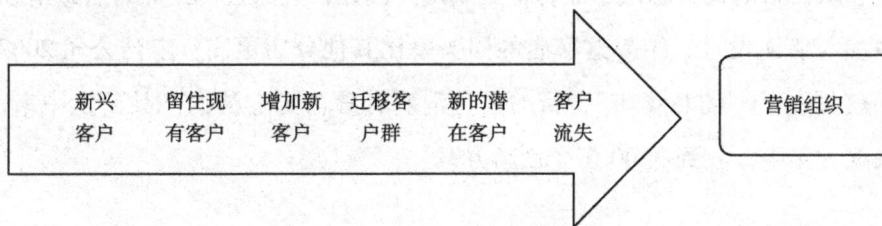

图2-2 由外向内的营销模式

综上可见，品牌营销中消费者变得越发重要，互联网的普及为消费者提供了沟通新渠道，消费者不再是被动地接受营销信息，而是成为主动收集信息、传播信息、表达意见的主体。在购买产品之前，消费者会积极地搜索相关产品信息，如浏览官网介绍、从新闻中获取相关信息、从社交媒体了解使用评价及投诉，使用产品之后可以在网上分享自己的体验和感受，从而与企业直接互动。那么，还能做什么让消费者成为营销活动的主角？这将是营销人员需要持续思考的一个问题。

首先，设置企业与消费者双向互动的出口。过去，企业和消费者之间更多的是一种单向关系，除了电话、信件、面访之外，消费者难以通过其他渠道表达对产品或服务用后的意见或建议。数字技术的发展，为消费者提供了更多与企业对话的方式：网站留言、电子邮件、聊天工具、网上论坛、博客、微博、微信等。消费者不仅可以方便快捷地与企业沟通，而且可以轻而易举地与其他消费者交流对产品的购买和使用体验，对个体而言，他人的评价远比企业自己传播的信息更有说服力。创造消费者参与平台以及建立消费者评价体系是不错的双向沟通方式。

其次，与消费者协同合作：企业和消费者之间在双向互动的基础上，还可以协同合作。企业和消费者的互动和合作包括许多方面，其中，消费者协同创意（Co-Creation）或协同设计（Co-Designer）具有重要意义：可以直接让消费者从自身的需求和体验出发，设计制造出他们想要的产品，从而为消费者忠诚于品牌奠定基础。例如，宜家公司芝加哥店邀请顾客参与店面设计，结果这家店的回头率比其他分店更高；宝洁公司 2007年就创立了"创意集市"，目的是让消费者参与到宝洁的产品研发中来，上线一年半，收到 3700 多个创新方案。

2.2.2　消费者洞察

消费者洞察是企业必需的生存技能，尤其是在竞争对手面前，企业对消费者的了解越少，在市场上生存的难度就越大。消费者直接或间接的对产品和服务产生影响。整合营销传播的一个根本原则就是"以消费者为中心"，它是建立在更好更深入地了解客户的基础之上的，我们也可以说，建立在一个更好的消费者洞察之上。透过消费者的行为追究其本质，深入理解消费者的动机、意图、行为，即消费者洞察。

消费者洞察使营销策略更有针对性。企业会清楚地知道在当前的情况下应该关注什么，以及如何为未来做准备。如果企业知道问题的根源是什么，而不是仅仅认识到问题，那么解决问题就会容易得多。

根据微软的数据，应用消费者洞察的企业在销售额增长方面比同行高出 85%。所以，如果企业对现有的市场销售数据不满意，可以多多关注消费者洞察。消费者洞察包含许多方面：

消费者行为层面：了解消费者是谁，他们做什么，他们在哪里，他们买了什么，他们想购买什么，他们有机会接触什么样的媒体，他们选择什么样的媒体去收看、收听或阅读。

消费者心理层面：即消费者的想法和感受，比如他们的消费目标和计划，以及这些如何影响他们的消费行为。

营销人员关注的焦点：如企业或竞争对手带给消费者的体验，企业如何改变产品来吸引年轻人，企业新的目标市场的竞争对手有哪些弱点。

2.2.2.1　消费者洞察实例

通心粉消费者洞察案例

国外某个即食通心粉品牌曾经做过这样的一个消费者调研，他们发现，当消费者把他们的产品买回去加热时，会另外加上一些洋葱。为了更好地满足消费者的这一需求，企业立刻在新产品中添加了洋葱，而当再次深入调研时却发现，消费者仍继续在他们的通心粉里加入洋葱。这到底是怎么回事？

其实，这个现象的背后隐藏着一个深刻的消费者洞察：家庭主妇在给家人准备即食通心粉的时候，会有一种没有尽到职责的内疚感，为了消除这种内疚感，加入一点自己准备的洋葱，不仅是家庭主妇表达自己对家庭成员关爱的方式，也是对因图方便而产生的内疚心理的一种补偿，与通心粉本身是否自带洋葱味道没有关系。

沃尔玛消费者洞察案例

在沃尔玛，创始人山姆·沃尔顿说："我要做的就是把大商店建在偏僻的地方"。那么，他对消费者的洞察是什么呢？他明白，由于艾森豪威尔公路法案的通过，美国的公路系统得到了改善，现在消费者去超市会变得便捷。而在远郊区建立一个巨大的仓储超市，那里的人很少，但会获得一个更大的半径圈的消费者，这就意味着，在半径范围之内他们没有竞争对手。这就是沃尔玛消费者洞察的结论。

百丽消费者洞察案例

为了提供适配中国消费者的购物体验，百丽对门店投放了许多脚型测量仪器，目前已经拥有全球第二大脚型数据库，真正做到了基于目标用户需求提供定制化的产品。而实现营销链路数字化后，百丽研发团队在打造畅销款式时，不再单单依赖于传统的购买率、复购率，而是进一步挖掘试穿率、试穿 - 购买流失率、客户反馈等消费者互动环节中的关键细节，为决策提供更有说服力的支持，建立良性的买卖方关系。

2.2.2.2　如何创建消费者洞察

建立消费者洞察遵循以下四个步骤：

（1）组建消费者洞察的团队：企业想要获得优质的消费者洞察资料，就必须有一个称职的团队和合适的人选。团队不仅需要具有数字头脑和技术洞察力的成员，也需要有创造力的成员，因为他们能够恰当地激励消费者进行所需要的洞察。

（2）创建消费者行程图：消费者行程图即消费者行为轨迹路线，从最初的接触到品牌一直延伸到考虑和购买，再到复购和宣传。沿着买方之旅，消费者将体验到不同的企业服务，这些体验和感受将决定消费者是否进行下一行程。将消费者行程图中可能遇到的困难整理起来，能够更直观地体现出消费者的满意程度（如图 2-3 所示）。

（3）开发消费者洞察调查问卷：规划好了消费者行程图，就可以开展消费者洞察了。调查的重点是消费者行程图中的特定部分。消费者会反馈他们对产品或服务的看法。有了这些信息，企业可以在必要时进行调整，使业务更加精简，为客户提供他们想要的东西。如下为开发消费者调查的调研方法：

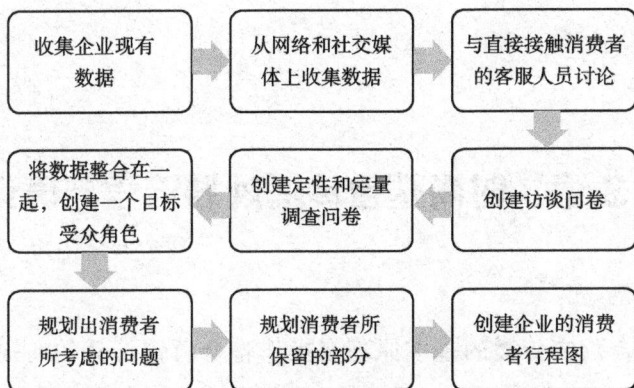

图2-3 消费者行程图的9个步骤

- 在线焦点小组（Online focus group）。
- 深度访谈研究（In-depth interviews）。
- 社区讨论话题研究（Insight communities）。
- 协同创新研究（Co-creation and innovation）。
- 即时研究（In-the-moment research）。
- 概念与创造性测试（Concept&creative testing）。
- 用户体验测试（User experience testing）。
- 消费者行程图研究（Customer journey research）。

（4）建立消费者洞察平台：消费者洞察平台能够促进与客户的关系。在这样一个平台上，企业可以与客户建立信任，消费者也为企业提供了很多优质建议。

第3章 时尚整合传播规划流程与原理

　　了解整合营销传播的基本原理是操作整合营销传播的前提，就目前的情况来看，整合营销传播的规划流程有以下类型：一是"零基础预算"、二是汤姆·邓肯基于零基计划提出的"IMC的六步策划流程"、三是舒尔茨夫妇提出的"整合营销传播五步规划流程"。理解这几种整合营销传播的流程所涵盖的基本原理，就能够很好地把控整合营销传播的具体操作。

3.1　时尚整合传播的一般规划流程

3.1.1　零基础预算

　　零基础预算（Zero-Based Budgeting，ZBB）是一种整合营销预算方法，20世纪70年代由Peter Pyhrr提出。零基础预算是指从零基数开始，分析一个组织内每项职能的需求和成本，相应地分配资金，并基于现有情况重新制定营销传播目标和战略的一种方法。[19] 很多企业习惯于参照前一年的实施情况来制定后一年的营销目标和成本预算，而很少去关注市场调研和瞬息万变的市场环境。与传统预算不同，零基础预算从零开始，分析公司的每一个细粒度的需求，而不是传统预算中的增量预算。本质上，这是一种战略性的、自上而下的方法。这种方法有优势也有劣势。

　　优势是：

- 准确性：这类预算有助于公司评估每个部门的情况，比较详细准确。

- 效率性：它通过关注当前的情况而不是以往的预算来帮助判断实际需求。

- 减少浪费：它可以通过重新审查潜在不必要的支出项，来消除多余的支出。

- 协调和沟通：通过让员工参与决策和预算制定，可以在部门内部进行更好的沟通。

劣势是：

- ZBB需要大量的时间、精力去从零分析，额外的人力可能会导致在削减成本方面适得其反。

- 在使用ZBB时，相关人员有权重新制定预算，这可能会导致在某些预算制定上有一定的倾向性，从而造成不必要的误差。

- 在下一年的预算过程中，广告和市场营销等部门必须能够证明，由于市场波动，他们的费用安排是合理的。

- 大量的时间和精力导致公司需要更长的时间才能将资金转移到最需要资金的部门，无法对部门的紧急需求作出反应。

3.1.2　IMC六步策划流程

汤姆·邓肯在《广告与整合营销传播原理》一书中提出IMC规划过程通常有六个步骤，即：了解目标受众、SWOT分析、确定市场传播目标、确定预算、制定战略和战术、制定效果评价和衡量的标准[20]。每一步骤都有其自身的重要性，无论其规模或行业如何，此计划步骤可以适用于绝大部分企业或组织。

以下是在制定整合营销策略时需要牢记的主要步骤，如图3-1所示：

```
step1   • 了解目标受众
step2   • SWOT分析
step3   • 确定市场传播目标
step4   • 确定预算
step5   • 制定战略和战术
step6   • 制定效果评价和衡量的标准
```

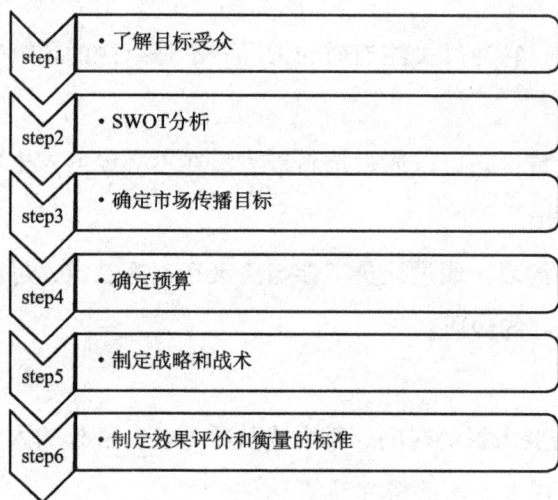

图3-1 MC六步策划流程

第一步：了解目标受众

在做整合营销传播前，应该有一个好的市场调研，以确保品牌能够足够了解自己的目标受众。基于品牌的营销目标，来确定想要什么样的受众。消费者行为数据会让我们了解潜在客户是谁、他们的偏好与提供的产品有什么联系。消费者人口统计数据能够分析出他们的年龄、性别、教育、地理位置等信息。基于这些数据品牌可以对受众进行细分，从而了解哪些受众更有可能选择你的产品。

第二步：进行情况分析

通常被称为SWOT分析。SWOT分析法是一种用于检测公司运营与公司环境的工具。通过对企业内外部条件各方面内容进行综合和概括，进而分析组织的优劣势、面临的机会和威胁的一种方法。SWOT分析可以较好地洞察企业内部和外部条件，来确定一个更有效的营销传播策略。

第三步：确定市场传播目标

这一步中，指具体的、希望通过整合营销策略实现的目标。企业需要达到的目标属性各异，既有追求塑造企业或品牌形象的目的，也有专为遏制竞争对手的竞争目的，还会有传播产品特异性的产品和传递市场促销信息的目的。无论哪种目的，都必须借助广告媒体进行传播，才能发挥最大的作用，达到市场传播的目标。整合营销传播的终极对象就是目标消费集群，促成目标消费集群的消费行为。如果一个整合营销活动是有效的，那么它的目标也应该是可衡量的。

第四步：确定预算

与所有的商业活动一样，在开始设计任何策略之前，有必要了解和规划可用的预算。通过确定预算，品牌就可以在问题出现之前解决一部分问题，确保收益大于成本，这是整合营销的一个关键组成部分。公司分配的预算形式可以是销售额的百分比或者利润的百分比，也可以根据公司的规模和财力情况来确定预算。

第五步：制定策略和战术

接下来是策略和战术，为了成功地完成这一步，需要回顾第三步的目标和目标，并创建实现目标的最佳策略。正确的策略和战术可以决定营销活动的成败，所以要确保制定有效的策略和战术。

第六步：评估和测量

营销策划过程的最后阶段一般都是对过程进行评估和衡量。因此，设定一个可衡量的标准是很重要的。例如，在两年内获得市场份额的20%。通常被用作衡量和评估的因素包括：销售额分析、市场份额分析、费用分析（营销费用与销售额的比）等。此外，还有一些间接的方法来评估整合营销传播的效果，例如顾客的态度、业务流失率和客户投诉。

3.1.3 IMC 五步规划流程

整合营销传播还有一种受到广泛认可的规划流程，就是唐·舒尔茨和海蒂·舒尔茨夫妇在《整合营销传播：创造企业价值的五大关键步骤》

中所提到的"整合营销传播五步规划流程"[21]。五步规划流程能够满足建立闭环的规划系统，追踪营销传播投资的收益（或损失），是整合营销传播的重要指导原则。图 3-2 展示了舒尔茨夫妇的"IMC 五步规划流程"。

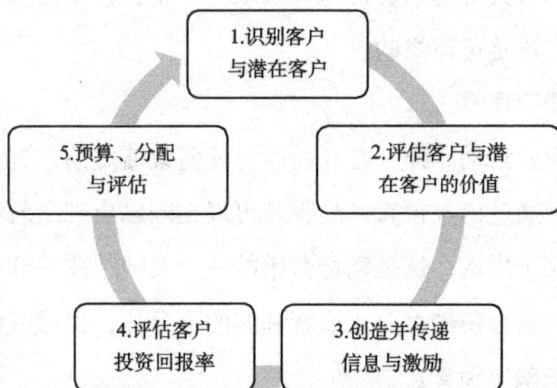

图3-2　IMC五步规划流程

第一步：从行为数据中识别你的客户

与汤姆·邓肯的 IMC 六步规划流程类似，舒尔茨夫妇的 IMC 五步规划流程也包含了识别目标客户。对于企业来说，最重要的就是客户。通过分析客户的行为数据，能够了解客户在做什么，他们如何行以及他们与品牌的联系。

第二步：确定你的客户和潜在客户的财务价值

营销一直以来被看作是企业的支出部门，然而整合营销却要求企业将营销视为一种投资、一种影响收入的战略工具。企业要了解什么能够吸引潜在的客户，现有客户的经济价值和前景。这种价值成为营销投资的基础，因为客户驱动营收。

第三步：设定营销目标，创造并向客户传递营销传播信息

设定与公司财务目标紧密相关的营销目标，然后创建并向潜在客户和

客户传递营销传播信息。使用以下两个要素将营销目标与财务目标联系起来：

交付：客户在能够哪里接触到品牌？他们想在哪里接触品牌？

内容：用什么样的消费者洞察来连接品牌想要传递什么？客户想要获得什么？

传统的整合营销方法要求品牌先确定创意内容，然后选择渠道，而舒尔茨夫妇制定的IMC五步流程则颠覆了这一过程，先要求品牌了解客户在哪里，客户的需求是什么，有了这些知识，品牌才提供基于客户洞察的内容和消息。

第四步：评估客户投资回报率（ROCI）

第四步的重点是确定投资回报率。在整合营销过程中，财务价值对于企业来说至关重要。引入整合营销传播后，管理人员可以去评估和验证营销传播的投资回报率。通常这里所说的投资回报率分为短期和长期回报率两种。一种立竿见影，能够在短期就评估出利润和销售额的增长，另一种能够长期获得品牌的收益。

第五步：预算、分配、评估和回收

IMC五步流程最后一个步骤需要完成预算、分配、评估和回收。即：制定一个合理的营销方案预算、在市场上抓住合适的时机实施整合营销传播计划、计划实施后加以评估、最终拟定新的一轮整合营销计划。

通过以上步骤，可以证明IMC的影响力，并合理规划未来的整合营销传播方案。

3.2 时尚整合传播的基本原理

整合营销传播不仅是对内容、媒介、渠道的整合，在操作整合营销传播的过程中，会应用到各种学科的基本原理，例如广告学、市场营销学、社会学、传播学、公共关系学、消费心理学等。所以，整合营销既是一门科学，又是一项整合艺术。整合营销传播的原理贯穿在整合营销传播的每个步骤中。

3.2.1　时尚整合传播与 STP 理论

市场细分（Market Segmentation）的概念是美国营销学家温德尔·史密斯（Wended Smith）在 1956 年最早提出的[22]，此后，美国营销学家菲利浦·科特勒进一步发展和完善了温德尔·史密斯的理论并最终形成了成熟的 STP 理论，它是整合营销的核心理论。STP 代表：

S（Segmenting）开拓细分市场。

T（Targeting）目标市场选择。

P（Positioning）定位企业价值。

这个 STP 模型很有用，因为它能帮助企业识别出最有价值的客户类型，然后开发最适合他们的产品和营销信息，进而销售更多的产品。

3.2.1.1　市场细分（S）

又称市场分割，指企业根据顾客购买行为与购买习惯的差异性，将某一特定产品的整体市场分割为若干个消费者群体，帮助企业发现、选择和确定目标市场的活动过程。细分企业市场有利于发现销售机会，掌握目标市场的特点，制定市场营销组合策略和提高企业的竞争能力。

消费需求存在绝对差异性，这为市场细分提供了必要基础。一部分消费者喜欢消费需求存在相对同质性，为市场细分提供了可能。这里要理解扩散偏好、同质偏好和集群偏好的区别，同质偏好属于大众化爱好，扩散偏好更偏向于市场定制化，集群偏好人群才是市场细分的基础。集群偏好人群既存在差异性又具有同质性，是市场细分的首选人群。如图 3-3 所示，以消费者的奶油、甜度的喜好为例，解释了市场细分的基础和必要性。展现出集群偏好的消费者，是品牌进行消费者细分的基础。

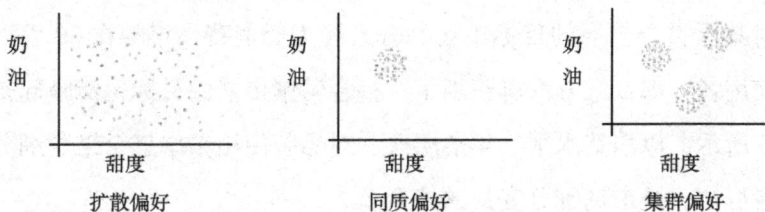

图3-3 市场细分示例

市场细分变量是指那些反映需求内在差异，同时能作市场细分依据的可变因素，由于这些因素的差异，消费者的消费行为呈现出多样化的特点。消费者市场细分的变量因素又可以分为两大类：一类是反映消费者特征的因素，如地理因素、人口因素和心理因素；另一类是直接与产品相关联的因素，如消费者购买商品所追求的利益、消费者使用商品的时机、消费者对品牌的忠诚程度等[23]。图 3-4 所示为常用消费者细分变量示例。

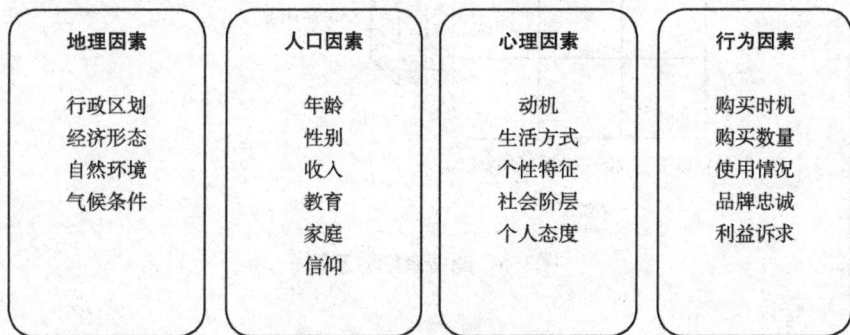

地理因素	人口因素	心理因素	行为因素
行政区划	年龄	动机	购买时机
经济形态	性别	生活方式	购买数量
自然环境	收入	个性特征	使用情况
气候条件	教育	社会阶层	品牌忠诚
	家庭	个人态度	利益诉求
	信仰		

图3-4 常用消费者细分变量示例

但是，要注意的是企业对市场细分的过程，往往运用组合变量而不是采用某个单一变量来对市场进行细分。细分市场可能是一组或几组市场细分变量的集合，例如，按照消费水平可以细分为高消费人群、中消费人群和低消费人群；按照年龄层可以细分为 20 岁以下、20～30 岁、30 岁以上；

按照对品牌的使用率可以分为重度使用者、一般使用者、非使用者等。假设针对某次整合传播的目标市场细分人群为低消费、年龄在 30 岁以上的重度使用者，那么细分人群清晰了，整合营销传播的目标也清晰起来。如图 3-5 所示，以消费水平、年龄层次、对品牌使用频率三个维度细分出的消费者群体，是市场细分变量的集合。

市场细分需保证有效性原则，即细分市场的范围比较明晰，也能够大致判断市场需求大小；细分的市场需求足量，大小能够保证实现企业利润；细分市场对差异化市场营销的因素能够灵敏地做出差异性反应。

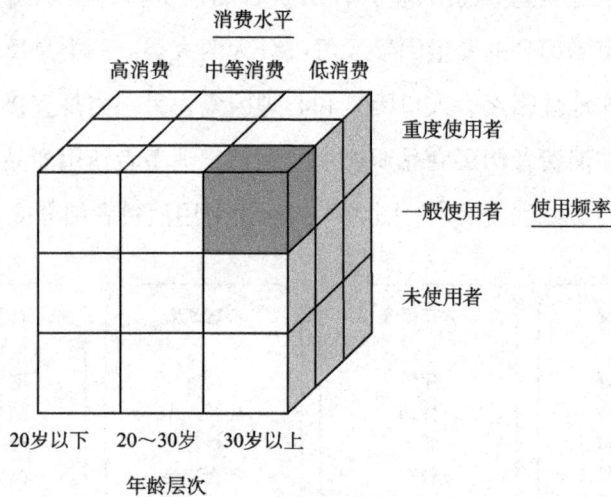

图3-5　消费者细分示例

3.2.1.2　目标市场选择（T）

在市场细分之后，需要选择一个或多个具有吸引力的、能够对企业产生经济效益的目标市场进行操作，企业选择的目标市场要能够保证创造最大顾客价值，且具有一定的持续性。因此评估每个细分市场的发展潜力，选择合适的目标市场，成为目标市场选择阶段最重要的环节。

评估细分市场首先需要看细分市场的规模和增长率，需要确认该市场有充分的现实需求量，其需求水平达到了企业期望的特定市场，有比较好的潜在发展前途，为企业预留了企业发展空间和获取更大利润的前景，有利于企业持续开拓该市场。其次，看细分市场的结构吸引力，需要竞争对手少或本企业在该市场的竞争中有绝对或相对的优势可以占据一席。最后，看细分市场是否与企业目标和资源相匹配，如果细分市场消费人群并非是企业目标人群，则不能作为细分市场。

选择目标市场也是非常重要的环节。如果一种产品的市场是同质市场，或者营销者认为该产品基本上是同质的，企业就不进行市场细分，那么营销者就必须把该产品的整体市场作为自己的目标市场。所谓同质市场，就是消费者对某一产品的需求、欲望、购买行为以及对企业营销策略的反应等方面具有极为相似的一致性的产品市场。例如，普通食盐的市场，无论是二三十岁年龄层、中产阶层、富人阶层，他们的消费差异性并不大，此时企业就应该选择整体消费者群体作为目标市场，进行市场细分的意义不大。

目标市场选择的五种模式是市场集中化、产品专业化、市场专业化、选择专业化和市场全面化。市场集中化就是选择一个或少数几个细分市场作为目标市场，供应某个单一的顾客群体，实行专业化生产和销售。在个别少数市场上发挥优势，提高市场占有率。产品专业化是指企业集中优势生产一种产品，并向所有顾客销售这种产品。例如，显微镜生产商分别向大学实验室、政府实验室和工商企业实验室销售显微镜。公司准备向不同的顾客群体销售不同种类的显微镜，而不去生产实验室可能需要的其他仪器。公司通过这种战略，在某个产品方面树立起很高的声誉。市场专业化是指企业专门提供某一特定顾客群所需的各种产品。例如专门为老年消费者提供各种档次的服装。企业专门为这个顾客群服务，能建立良好的声誉。缺点是顾客过于集中，一旦这类需求下降，会严重影响企业的收益。选择专业化是指企业有选择地专门服务于几个不同的子市场的顾客群体，有选择地进入不同的细分市场，为不同客群提供不同性能的产品。选择这种模式有利于分散企业经营风险。同时，细分市场通常较有吸引力，产品生命周期也比较长，需要企业具有一定的资源和能力。市场全面化指企业力图用各种产品满足各种顾客群体的需求，即以所有的细分市场作为目标市场，例如服装厂商为不同年龄层次的顾客提供各种档次的服装。一般只有实力强大的大企业才能采用这种策略。[24]

3.2.1.3　市场定位（P）

市场定位是根据竞争者现有产品在市场上所处的地位和顾客对产品某些属性的重视程度，勾画与传递本企业产品、形象的活动过程。定位是"品牌在目标受众心目中占据的位置"。[25] 市场定位是一种经常性的营销活动或策略。[26]

要在特定的市场上取得成功，产品必须"在潜在和现有消费者的心目中占据明确、独特和适当的位置"，并且相对于其他竞争品牌来说是有竞争力的[27]。这可能需要对客户的感知和竞争对手的活动进行大量的研究，以确保自身的差异点在客户的心中留下深刻印象。

市场定位的方式有很多种，避强定位、迎头定位、重新定位、比附定位在市场中的应用比较频繁。避强定位是一种避开强有力的竞争对手进行市场定位的模式。企业不与对手直接对抗，将自己置定于某个市场"空隙"，发展目前市场上没有的特色产品，开拓新的市场领域，与竞争对手形成差异化的一种市场定位方式。避强定位策略能够使企业较快速的在市场上站稳脚跟，并能在消费者或用户心目中树立起形象，但是避强往往意味着企业必须放弃某个最佳的市场位置，很可能使企业处于较差的市场位置。

迎头定位是指这是一种与在市场上居支配地位的竞争对手"对着干"的定位方式，是与竞争对手间的实力对决，即企业选择与竞争对手重合的市场位置，争取同样的目标顾客，彼此在产品、价格、分销、供给等方面少有差别。由于竞争对手是最强大的，因此竞争过程往往相当惹人注目、甚至产生所谓轰动效应，企业及其产品可以较快地被消费者或用户了解，借此达到树立市场形象的目的。但是迎头定位可能引发激烈的市场竞争，因此具有较大的风险性。企业实力必须与竞争对手旗鼓相当，不能过于弱小，否则会形成螳臂当车的滑稽效果。麦当劳、肯德基是迎头定位的最佳案例。

重新定位是企业的一次华丽转身，重新定位旨在摆脱困境、使品牌获得新的增长与活力。它不是对原有定位的一概否定，而是企业经过市场的磨炼之后，对原有品牌战略的一次扬弃。品牌需要进行重新定位，大多是由于之前的定位已不符合现在发展的新态势，老旧的定位优势已经不复存在。此外，由于消费者的价值取向和消费偏好发生了改变，也可能导致品牌需要及时调整定位来适应消费者。以"性感"著称的维密品牌重新定位成了"年轻独立女性"的主旋律，明星代言从"诸神时代"的亚历山大·安布罗休、吉赛尔·邦辰、海蒂·克鲁姆变成了周冬雨、杨幂等女明星，这是品牌重新定位的一次尝试。

理解比附定位，首先要理解"比附"一词。"比附"就是拿不能相比的东西勉强相比，宋代李如箎《东园丛说·王用三驱失前禽》中有："夫圣人在上，天下皆比附。其间有不服者，圣王岂有强之而必欲其比附者？"的名句。比附定位，直白地说就是攀附名牌的定位策略。企业通过各种方法和同行中的知名品牌建立一种内在联系，使自己的品牌迅速进入消费者的心智，占领一个牢固的位置，借名牌之光使自己的品牌生辉。这种比附定位的品牌策略并不少见。比附定位策略有利于品牌的迅速成长，更适应品牌成长初期。

3.2.2　USP 理论

USP（Unique Selling Proposition）即"独特的销售主张或卖点"，是

指品牌、产品或服务所变现出的独特的利益点，使其能够从竞争对手中脱颖而出[28]。此理论是由美国人罗瑟·里夫斯（Rosser Reeves）于 20 世纪 50 年代提出的。他比较早地意识到企业的产品必须引发消费者的认同。他认为，USP 是消费者从企业产品的功效或者企业宣传的媒介方式中获得购物欲进而产生想购物的状态。

USP 理论具有以下特点：

- 必须包含特定的商品效用，即每个广告都必须向消费者提出一个主张，每个广告都必须对每个读者说："购买这个产品，为了这个特定的利益"；
- 必须是独特的、唯一的。这个特定的利益点是竞争对手不能或做不到的；
- 利益点必须有利于促进销售，必须足以打动大众，吸引新客户和潜在客户。

基于 USP 理论的特点，可以看出 USP 理论具有以下功能：

- 差异化功能：通过独特销售主张的传播与沟通，使产品及其广告具有了区别于竞争者的独特属性，从而实现差异化；
- 价值功能：USP 理论实效性的本质和基础，在于它能够提供特殊的具体价值；
- 促销功能：差异化和价值功能促进消费者对广告产品提供的独特的具体利益的认知和认同，促进了商品的购买。

1995 年，"白加黑"上市仅 180 天销售额就突破 1.6 亿元，在拥挤的感冒药市场上分割了 15% 的份额，登上了行业第二品牌的地位，在中国大陆营销传播史上堪称奇迹。这一现象被称为"白加黑"震撼，在营销界产生了强烈的冲击。"白加黑"是个了不起的创意，看似简单，只是把感冒药分成白片和黑片，并把感冒药中的镇静剂"扑尔敏"放在黑片中；实则不简单，它不仅在品牌的外观上与竞争品牌形成很大的差别，更重要的是它与消费者的生活习惯相符合，达到了引发联想的强烈传播效果。在广告公司的协助下，"白加黑"确定了干脆简练的广告口号"治疗感冒，黑白分明"，所有的广告传播的核心信息是"白天服白片，不瞌睡；晚上服黑片，睡得香"。产品名称和广告信息都在清晰地传达产品的独特销售卖点，这也成为 USP 理论的经典案例。

尽管 USP 理论被很多企业所应用，但是创建一个"独特的销售主张"的过程并不是那么容易，需要从企业、产品、用户的角度出发，回答以下问题：

- 你为谁服务？换句话说，你的受众是谁？
- 消费者需要什么？你能提供什么？
- 用一个短语来描述你的公司，你属于哪个行业或类别？
- 贵公司有什么独特之处？对你的潜在客户的意义是什么？
- 你和谁竞争？你的客户如何看待你？

要想在众多企业中脱颖而出，就必须采用差异化战略。一个独特的销售主张（USP）可以帮助整合营销传播过程中接触到更多的受众，并将业务扩展到新的市场。反过来，USP 可以在整合营销过程中提高转化率，增加企业的竞争力。知道是什么独特的卖点让你在竞争中脱颖而出是至关重要的，这些独特的元素可以为你的营销过程提供很多惊喜。

3.2.3 品牌形象理论

品牌形象是消费者当前对品牌的看法，它可以被定义为品牌在消费者心中的一个独特的关联物。品牌形象反映了该品牌目前所代表的意义、信念，以及消费者对产品的看法。品牌形象传达的是情感价值，这种情感价值维系着消费者与品牌之间的关系。品牌形象是一个组织的个性、性格的体现，也是让消费者对品牌产生情感联动的原因。品牌形象能够突出一个组织的使命和愿景。积极的品牌形象能够很好地反映组织形象、简要勾勒出组织业务范围、输出关键性的价值观。

品牌形象由消费者心中的各种联想——属性、利益组成，以不同于竞争对手形象的独特方式传达产品的特性。品牌属性是消费者与品牌在功能和心理上的联系，它们可以是具体的，也可以是概念性的。利益是消费者购买决策的基础，分为：功能性利益——你在什么方面做得更好（比别人更好）；情感利益——你如何让我感觉更好（比别人更好）；理性利益——我为什么相信你（比别人更好）。

品牌识别和品牌形象这两个词通常作为近义词并列在一起。然而它们是不同的。品牌识别是品牌所有者如何定义品牌，而品牌形象决定了最终消费者对品牌的认知。换言之，品牌识别可以是标识、口号或标语、风格和基调，而品牌形象可以是现有和潜在顾客对品牌的基本印象和信念。表3-1为品牌识别和品牌形象之间的区别。

表3-1　品牌识别和品牌形象的差异

比较项目	品牌识别	品牌形象
1	品牌识别是公司希望目标受众感知品牌的方式	品牌形象是指消费者对品牌的实际感知方式
2	品牌信息与品牌识别是紧密联系在一起的	品牌信息是由消费者以品牌形象的形式释放出来的
3	品牌识别的一般含义是"你到底是谁？"	品牌形象的一般含义是"市场如何看待你？"
4	品牌识别代表"你的愿望"	品牌形象代表"他人观"
5	品牌识别象征着企业的现实	品牌形象象征着消费者的感知
6	是主动的行为	是被动的行为
7	意味着"你想去的地方"	意味着"你所拥有的"

3.2.4　4P、4C、4R 理论与时尚整合传播

营销组合这个术语最早是由哈佛大学的尼尔·博登教授（Neil Borden）在 20 世纪 40 年代末提出的。营销组合后来被杰罗姆·麦卡锡在其著作《基本营销：管理方法》（1960）中提炼为 "4P"。4P 被世界各地的营销人员和广告公司在制定营销策略时采用。4P 是：Product（产品）、Price（价格）、Place（渠道）、Promotion（促销）。

80 年代，美国的劳特朋在 4P 的基础上提出 4C 营销理论，即要从产品（Product）升级到关注消费者的需求（Consumer），只有需求得到满足才会产生消费和销售；要从产品销售价格（Price）升级到消费者的心理接受成本（Cost），只有产品价格接近到消费者的心理价格才会产生消费；在渠道上，要关注提供足够方便的销售地点（Convenience），而不是从企业的角度如何容易分销；要从企业单向的促销（Promotion）转向与消费者进行沟通（Communication）。4C 理论框架完全站在了消费者的角度来要求企业建立营销模式，说明消费者需要的是产品的功能、低成本、方便购买和顺畅的沟通。

80 年代后期，美国营销大师唐·舒尔茨在 4C 的基础上提出 4R 理论，并进一步总结提出了大家熟悉的整合营销传播理论（IMC）。4R 分别指代 Relevance（要与消费者建立关联）、Reaction（要提高对市场的快速反应）、Relationship（要与消费者建立一种互动关系）和 Reward（要保持企业得到市场长期回报的能力）。他认为，随着市场的发展，企业需要从更高的层次上以更有效的方式在企业与顾客之间建立起有别于传统的新型的主动性关系。4R 营销思想真正体现了关系营销的思想，但还未形成一种相对全面的营销理论模型。

整合营销传播是指企业在经营过程中，以由外而内的战略观点为基础，为了与利害关系者进行有效的沟通，以营销传播管理者为主体所展开

的传播战略。IMC 的核心思想是，以整合企业内外部所有资源为手段，再造企业的生产行为与市场行为，充分调动一切积极因素以实现企业统一的传播目标。IMC 从广告心理学入手，强调与顾客进行多方面的接触，并通过接触点向消费者传播一致的清晰的企业形象，其关键词是统一。

90 年代三大理论传播到中国来，至今已经二十多年了，然而世界的营销理论仍旧缺少升华，其后来出现的直复营销、关系营销、体验营销等尚不能称为营销理论。现代营销理论亟需变革。

3.2.5 "6W + 6O" 理论与消费者行为

国外市场营销学家把消费者的购买动机和购买行为概括为 "6W + 6O" 理论，从而形成消费者购买行为研究的基本框架。

- 市场需要什么（What）——有关产品（Objects）是什么。通过分析消费者希望购买什么、为什么购买此商品，研究企业应如何提供适销对路的产品去满足消费者的需求。

- 为何购买（Why）——购买目的（Objectives）是什么。通过分析购买动机的形成（生理的、自然的、经济的、社会的、心理因素的共同作用），了解消费者的购买目的，采取相应的市场策略。

- 购买者是谁（Who）——购买组织（Organizations）是什么。分析购买者是个人、家庭还是集团，购买的产品供谁使用，谁是购买的决策者、执行者、影响者。根据分析，组合产生相应的产品、渠道、定价和促销。

- 如何购买（How）——购买组织的作业行为（Operations）是什么。分析购买者对购买方式的不同要求，有针对性地提供不同的营销服务。在消费者市场，分析不同的类型消费者的特点。

- 何时购买（When）——购买时机（Occasions）是什么。分析购买者对特定产品的购买时间的要求，把握时机，适时推出产品，如分析自然季节和传统节假日对市场购买的影响程度等。

- 何处购买（Where）——购买场合（Outlets）是什么。分析购买者对不同产品的购买地点的要求，如消费品种的方便品，顾客一般要求就近购买，而选购品则要求在商业区（地区中心或商业中心）购买，一边挑选对比，特殊品往往会要求直接到企业或专业商店购买等。

第4章 调查系统

在整合传播的过程中，调查和研究的概念经常被忽视。然而，调查和研究阶段是优化整个营销传播的关键步骤，如果调查做得正确，几乎能保证项目有个不错的投资回报率。通常，制定一个强有力的整合营销传播计划（IMC plan）有助于使目标和品牌调性保持一致，并进一步细化这些工作的目标、KPI 和 ROI。整合营销传播的调查可以分为前期调查、中期调查以及后期调查三个部分，每个部分的调查都非常重要。对于整合营销传播来说，前期的调查主要是为了了解品牌的目标市场、目标用户、竞争对手，以及品牌自身情况；中期的调查主要是为了了解整合营销过程的创意、内容是否能够满足活动需求；后期的调查主要是为了做整合营销传播的效果评估，通常后期的调查也和评估转化过程合并，从整体上来评定整个营销传播的过程和结果。

4.1 整合营销传播前期调查

我们做任何一件事要想取得成功，都要打有准备之仗，充分调查研究与其相关的情况。一个整合营销的投放几百万、几千万，甚至上亿元，但这些营销传播的效果到底怎样？这些巨额费用是否发挥了最佳效益？人们往往不得而知。这就是要进行整合营销调查的原因，并且，在营销活动策划前、投放前、投放后均要进行调查研究。策划前，我们需要了解目标用户是谁，市场环境如何，产品有哪些值得营销的卖点，以及我们的竞争对手是什么情况，所谓知己知彼，百战不殆。

4.1.1 明确目标用户

明确目标用户，任何营销活动都有受众群体，只有明确了目标用户，才能对症下药。明确目标用户包括：调研用户画像——他们是谁？（性别/年龄/职业/收入/教育程度/婚姻状况等人口统计学指标）；调研消费需求——他们与某品牌（或某产品品类）相关的生活形态，他们在哪里居住、购物、休闲娱乐。

除了要了解目标用户的情况，还必须了解目标用户的市场潜量，即市场需求的最高界限，指在一定区域、一定时间内以及一定营销环境和一定的营销费用水平条件下，消费者可能购买的商品总量。这里有三种方法可以调查出市场潜量：

（1）购买者意图调查法。从消费者或对产品的采购有影响的进货商那里取得关于市场规模的大量数据。还可以通过商会、政府合同和投标数字中获得所需信息。

（2）实验市场法。通过选择的实验市场进行产品试销来测试产品潜在销售量。这种方法虽然有一定局限性，但对新产品的市场潜在需求量常常能提供正确而具体的资料。

（3）市场仿真。市场仿真就是在各种比较符合实际的在假设条件下模拟新产品的销售情况，并可改变参数反复试验。通过市场仿真，可以快速取得市场的潜在需求量。

4.1.2 明确市场环境

市场环境调查是以一定的地区为对象，有计划地收集有关人口、政治经济、社会文化和风土人情等情况，在现代市场经济中，市场营销受市场环境的影响。因此，对市场环境的分析研究就成为广告策划和创意的重要课题。可以通过浏览研究行业报告，看看市场上是否有企业所不知道的机会。然后针对企业的总体收入目标和战略计划思考整合营销如何提供帮助。也可以通过 SWOT 来分析企业内部和外部的优势、劣势、机会、威胁。

在做一项整合营销活动时，外部环境是合理合规进行营销活动的基础，可以通过 PEST 分析法来分析政治法律环境、经济环境、社会环境、技术环境，从而规避一些社会文化与风土人情方面的问题，例如民族、文化特点、风俗习惯、民间禁忌、生活方式、流行时尚、民间节日、宗教信仰等。对这些进行分析，可以为营销活动的形式和日程提供事实依据。同时，也可以规避一些法律政治约束下的不必要的问题，例如国家的法律法规、方针、政策、重大政治活动、政府机构情况、社会发展水平、工农业发展现状、商业布局等。

4.1.3　明确产品卖点

产品卖点调查就是对品牌产品或服务进行的调查。由于新产品研发与定位、在售产品的改良和提升，都存在很大的不确定性及市场风险性，产品市场研究，通常指通过市场调查手段，向目标消费者寻求帮助，让目标消费者预先从各种可能对产品相关的变更方案中，优选出消费者最满意和最容易接受的营销方案，为企业进行产品的研发、改良、推广等方面的决策提供市场决策依据，从而提升企业相关决策上的成功率，降低潜在的市场风险。

产品卖点是否新颖有创意，通常可以用 USP 理论（独特的销售主张理论）来审核该产品的卖点，回顾过去和现在对营销所做出的努力，问问你自己，哪一个卖点得到了认可？哪一个卖点效果一般？为什么？

4.1.4　了解竞争对手

了解竞争对手的营销情况，调查竞争对手是否投放了相似的广告，用什么平台做的投放，收效如何？一旦别人投放了类似的广告，本品牌则尽量避免，否则可能出现得不偿失的情况。对于企业来说，通过对自身优势与对方劣势进行对比，扬长避短，找准增强本产品竞争力的创意切入点，争取消费市场和潜在消费群体，达到最大限度地获得市场份额的目标。竞争对手调查也称为竞品分析，选择至少三个竞争对手或品牌进行竞争分析则更能全面地了解竞争对手，明确自身优势劣势。通常我们进行竞争对手调查是要调查以下四方面：

（1）产品的市场容量：包括生产经营同类产品的竞争等项目、规模、市场占有率及变化特点。

（2）竞争对手的销售服务和售后服务方式、消费者的评价。

（3）竞争对手的生产经营管理水平，尤其是销售的组织状况、规模和力量、销售渠道选择方式。

（4）各竞争者所采用的营销类型与成本支出等。

4.2 整合营销传播中期调查

整合营销中期调查包含整合营销创意测试以及整合营销脚本测试。整合营销创意测试，是对整合营销主题、整合营销构思进行测评，评估主题及构思是否符合消费者需求、是否符合产品定位、是否对消费者产品冲击等，以确立适合的整合营销创意，并为整合营销创作提供思路。整合营销脚本测试是对若干个已经设计创造出来的整合营销脚本进行测试评估，通过研究消费者对比各个文案的形式、风格、诉求点、理解程度等，选择出效果可能比较理想的整合营销脚本用于实际的营销投放中。

4.2.1 整合营销创意测试

营销创意测试，是对营销主题、营销构思进行测评，评估主题及构思是否符合消费者需求，是否符合产品定位，是否能对消费者产生冲击等，以确立适合的营销创意，并为营销创作提供思路。通过营销创意测试能帮企业找到以下问题的答案：

- 营销该说些什么，如何表达？
- 消费者如何理解我们的营销创意？
- 描述的产品概念能否真正满足消费者需求？
- 提供的利益点是否能有效刺激消费者？
- 消费者产生购买欲望的原因是什么？
- 消费者从营销中理解的产品定位是否与既定产品定位有差别？

4.2.1.1　营销创意测试的价值

营销创意测试能够帮助企业及早发现错误的项目创意。有的营销创意从一开始就是错误的，例如诉求的重点根本不是消费者的关心所在，或者说辞会使消费者产生反感，这样的创意若不及早调整，对企业将会造成重大损失。

营销创意测试能够通过消费者洞察激发更多创意灵感。根据消费者的理解、认同和偏好，以及营销创意对产品 / 服务的定位表现能力等多方面信息的探测，获取消费者更多心声，激发更多创意灵感。

营销创意测试能够帮助企业确立最优营销创意。营销要宣传产品或服务能提供给消费者的利益，对于同一种利益可以有多种营销说辞，而哪种更好、更有效，这得问问消费者才知道，仅凭创意者的自我感觉是不行的。

4.2.1.2　营销创意测试的研究思路

测试营销创意的过程中，要逐一演示创意方案，在演示过程中统计被测试人群对于创意方案的第一印象，记录被测试人对于此方案的理解，测试创意人员是否能够读懂方案想表达的产品品牌和产品信息，并对此方案进行评价，最后提出修改建议和期望。通过几组创意方案的评测对比，由被测试者判断出最喜欢的方案。

在营销创意测试过程中，要从三方面判断营销创意的可行性。第一，营销方案是否具有吸引力；第二，营销方案是否切中主题；第三，营销方案是否便于消费者理解。在判断营销创意是否满足以上三点的同时，要被测者回答以下问题：

- 创意方案是否能够吸引你？
- 创意方案是否具有创新性？
- 你是否会购买此方案推荐的产品？
- 你能否从此方案展示中了解到产品主题？
- 你认为此创意方案和产品的定位相符合吗？
- 你对此产品的需求是什么？
- 创意方案的易读性、可理解性如何？
- 创意方案的传播能力如何？你是否会主动扩散？
- 你对此方案的理解是什么？

图 4-1 展示了一个成功的营销创意所具备的特征，以及营销创意测试的研究思路和模型：

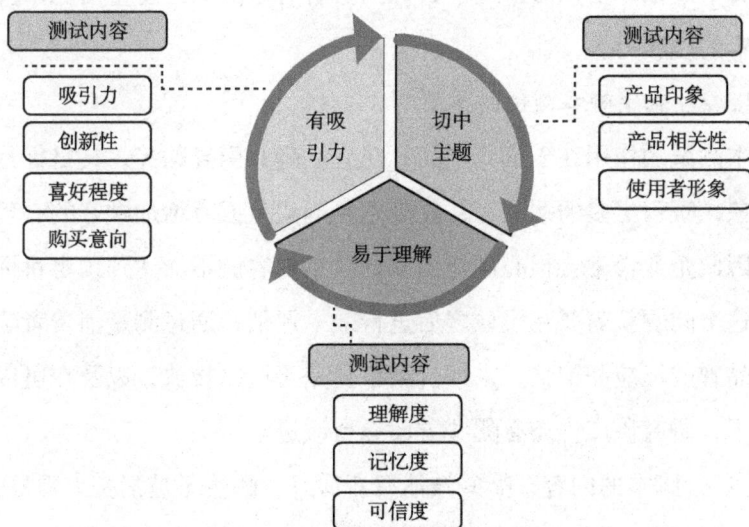

图4-1　营销创意测试模型

4.2.2 整合营销脚本测试

营销脚本测试是对若干个已经设计创造出来的营销脚本进行测试评估，通过研究消费者对比各个文案的形式、风格、诉求点、理解程度等，选择出效果可能比较理想的营销脚本用于实际的营销投放中。

4.2.2.1 营销脚本测试的价值

检测市场定位的有效性。脚本内容体现了市场定位，市场定位的有效性将消费者和品牌联系起来，使品牌对消费者有意义并区别于其他品牌，通过营销脚本测试可以在营销投放前有效监测营销市场定位的有效性。

诊断营销内容的有效性。通过消费者对每个营销内容的评判，获悉消费者对营销内容的理解和被说服的原因，诊断各营销内容的有效性，并获取改进建议。

测量营销脚本对目标消费者的说服力。消费者对产品的看法并不仅仅反映在其对营销脚本中个别因素的看法，营销脚本是否能改变其态度，通过营销脚本效果评估则可以理清目标消费者对各因素的看重情况以及测量营销脚本的说服力。

4.2.2.2 营销脚本测试的作用

脚本测试的作用在于推介产品、建立品牌和引导购买，其目标是树立品牌形象，吸引更多的购买者，提高重复购买量或者增加顾客的心理满意程度。因此企业常常会担心制作出来的营销内容能不能达到预定目标。为了解决这个问题就需要在投放之后进行效果评估，通过测量消费者购买潜力、对品牌的反应和记忆，来评价新广告是否可以投放，以及在可以投放的前提下，研究该广告还有哪些方面有待改进。

- 广告脚本的内容，哪些被消费者看好，哪些不被消费者看好？
- 具体的脚本投放市场后，有怎样的市场预期，将能获得怎样的市场回报？

- 哪些广告的内容需要修改，应该进行怎样的修改？

- 哪一个广告值得企业耗费巨资进行投放呢？

4.2.2.3　营销脚本测试的研究内容

消费者营销脚本测试通常涵盖以下几个方面：内容、形式、风格、印象、独特性、喜好度、诉求、联想等。

研究营销内容，主要是为了了解传达给受众的信息是否清晰、便于理解；所有测试者对营销内容是否有统一的认识，通过广告能否对产品有直观的认识；产品的那些信息可以通过广告被熟知等；

研究营销形式，比如广告投放的渠道，以及受众对各个渠道的接触情况，能从受众行为研究中了解消费者使用习惯和态度（简称 U&A 研究）；

研究文字风格，通常是了解故事、角色、画面、色彩、声音、旁白、logo、slogan 等呈现出来的风格对消费者的影响；

研究广告印象，是为了了解广告是否便于记忆，哪些点使人印象最深刻；

研究内容独特性，是为了分析被访者喜欢此广告的原因，通常选择被访者偏好的脚本进行评价；

研究受众喜好，例如在特定的脚本中选择喜欢的脚本，并评价不喜欢的脚本的原因，可以对用户偏好有所了解；

研究消费者诉求，比如广告希望传递给消费者哪些信息，希望激发目标受众的哪些需求；

研究营销联想，是为了测试看完广告之后，最先联想到的是什么，最容易联想到什么，有哪些正/负面联想，这些联想和品牌及产品的关系。

以上可以总结为：

（1）消费者反应研究。

目的：了解消费者对营销内容的评价。

方法：消费者观看营销内容后，通过设置详细的问卷，了解消费者对营销内容的评价。

内容：从总体评价、对内容的回忆、喜欢／不喜欢的方面、独特点的评价来分析有无消极或者危险的因素，若有则需要继续改进。

（2）消费者记忆研究。

目的：了解消费者对营销内容的回忆。

方法：消费者观看完营销内容后，通过设置详细的问卷，了解消费者对内容、情节的回忆，对品牌的联想以及对产品的印象等。

内容：从对营销内容的回忆、营销情节的回忆、对品牌的联想、对产品的认知等方面来分析有无消极或危险因素，若有则需要继续改进。

（3）消费者购买潜力值研究。

目的：消费者购买潜力值（TPM）测试，主要用于评估营销内容是否可以投放，以及对于投放效果的预先判断。

公式：TPM（消费者购买潜力）=（第二次选择测试品牌的人数）-（第一次选择测试品牌的人数）/测试样本数量 ×100%。

方法：播出前在观众完全不知情的情况下让其随机选择产品品牌（以图片来代替）作为奖品，观察广告播出前后观众选择情况的变化。

依据：TPM 值大于或等于经验标准值时，或有竞争对手时，TPM 值大于对手，则可以考虑投放。

4.3　整合营销传播后期调查

整合营销传播后期调查，主要研究营销内容投放后对受众产生的真实影响，通过研究营销内容传达、知名度、偏好、购买意愿等，并结合产品销售额、利润变化等，来评估营销内容实际带来的效果。

4.3.1　营销效果调查的价值

企业决策总是倾向于以事实为依据。通过营销效果调查，可以客观真实地反应出营销内容的效力，能增强品牌整合营销意识，树立良好的品牌形象。同时，可以检查和验证营销目标是否正确，媒体的运用是否合适，发布投放时间与频率是否得当，主题是否突出，创意是否新颖独特等。因此，为实现经济效益提供了可靠保证。通过营销效果调查，能客观公正地评价营销活动的综合成效，积累宝贵的经验和教训，为以后更好地制定营销活动战略提供指南。同时，也为客观公正的评价营销策划人员的工作绩效提供了依据。

随着市场竞争日趋激烈，各行各业日益重视整合营销在塑造品牌过程中所发挥的作用，整合营销投入呈逐年上升之势。然而企业仍有相当多的困惑，有的企业只认同整合营销传递促销信息的作用，而认为整合营销媒体策略、创意表现、时机选择等内容都是纸上谈兵没有意义；还有的企业虽然认同整合营销的作用，但不理解花那么多的钱的营销形式是否可以实现更好的营销效果；有的企业希望了解相对于其他竞争对手而言整合营销的优劣所在，以及长期的整合营销活动积累形成的品牌态度到底为何等等。如何解决这些困惑？答案就是进行整合营销效果的评估。通过整合营销效果评估，可以找到以下问题的答案：

- 整合营销是否到达消费者？
- 整合营销对目标消费人群的影响程度如何？
- 消费者对整合营销的反应如何？
- 整合营销传播信息是否有效突出产品？
- 整合营销的主题、诉求是否准确有效？
- 整合营销传播信息是否被消费者正确理解与记忆？
- 整合营销信息播出后，是否增强了消费者产品选择意愿？

● 整合营销预算安排是否经济合理？媒体安排是否正确等？

4.3.2　营销效果调查的研究思路

研究营销效果，是将营销活动的各项目标转化成可以测度的指标来进行评估，每一项指标都是对某类目标受众，对应于某一定时间内达成的具体的传播任务以及由此所带来的销售量增长或品牌效果的提升，这些指标共同组成了营销效果评估的指标体系。

对于整合营销传播来说，营销效果评估通常从传播效果、品牌效果、经济效果三方面来考量，如图 4-2 所示。

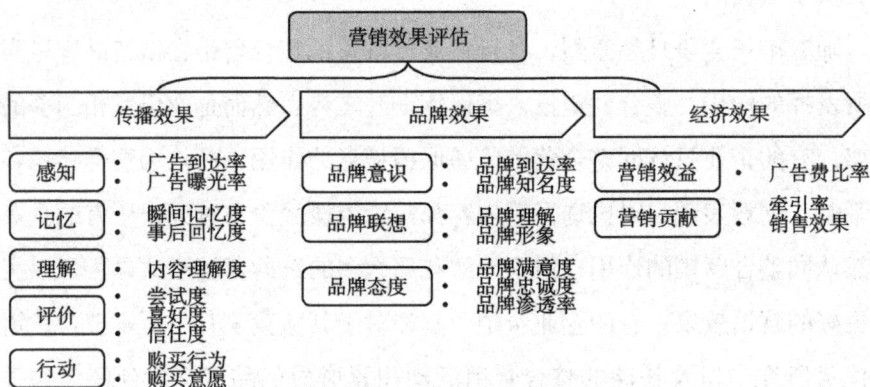

图4-2　营销效果评估指标

4.4　整合营销传播调查方法

4.4.1　调查的步骤

调查的具体步骤主要包括收集数据和分析数据。在规划调查方法时，需要做出以下两方面的关键性选择。

首先，要选择如何收集数据。

● 定性与定量：数据会以文字的形式呈现，还是数字的形式呈现？

- 原始数据与二手数据：是你自己收集原始数据，还是使用他人已经收集好的二手数据？
- 描述性与实验性：是测量观察某件事物的现状，还是做一个实验？

其次，要选择如何分析数据。

- 对于定量数据，可以使用统计分析方法测试变量之间的关系。
- 对于定性数据，可以使用主题分析等方法来解释数据中的含义。

4.4.2　收集数据的方法

收集数据的目的是回答你所研究的问题，所以，数据类型、数据收集方法取决于研究目标是什么。

（1）定性与定量数据。研究想法、经验和意义的问题，或者研究无法用数字描述的课题，适用于收集定性数据。如果研究大量的重复样本，或者研究涉及假设测试，则需要收集定量数据。当然也可以采用混合方法，即定量与定性相结合的数据收集模式。表4-1为质性分析和定量分析的优缺点对比。

表4-1　整合营销传播调查质性分析和定量分析的优缺点

	优点	缺点
质性	· 灵活，可以随时调整你的方法 · 可以用小样本进行分析	· 无法进行统计分析或应用到更广泛的人群 · 难以规范研究
定量	· 可以用来系统地描述大量的事物共性与差异 · 研究结果可复制	· 需要统计知识来分析数据 · 需要更大的样本

（2）原始数据与二手数据。原始数据是为回答研究问题而收集的相关

原始信息，例如，通过调查、观察和实验得出的结论。二手数据是其他研究人员已经收集的信息，例如在政府普查或其他科学研究中得出的数据结论。如果研究一个新的问题，可能需要收集原始数据。但是，如果想综合现有数据进行趋势分析，二手数据可能是更好的选择（表4-2）。

表4-2　数据收集的优缺点

	优点	缺点
原始数据	· 可以精准回答你的具体研究问题 · 可以控制取样和测量方法	· 更昂贵更费时 · 需要数据收集方法方面的经验
二手数据	· 更容易更快捷 · 可以收集时间维度长和地理位置广的数据	· 无法控制数据的生成过程 · 需要额外的处理，以确保它适用于你的研究

（3）描述性数据与实验数据。在描述性研究中，收集关于研究对象的数据而不干预数据，它专注于回答如何、什么、何时、何地的问题，而不是为什么的问题。在实验性研究中，调查者系统地干预了一个过程并测量结果，研究的有效性将取决于实验设计。需要设置自变量和因变量并控制变量，如果实验性数据在实践和伦理上可行，这种方法是回答因果问题的最佳研究手段（表4-3、表4-4）。

表4-3　不同测量方法的优缺点

	优点	缺点
描述性	· 允许描述你的研究对象而不影响它 · 可以在更大的范围内收集更多的数据	· 无法控制变量 · 不能建立因果关系

	优点	缺点
实验性	• 能够控制变量 • 能够建立因果关系	• 你可能会无意识中影响你的研究对象 • 通常需要更多的专门知识和资源来收集数据

表4-4　收集数据的方法

研究方法	原始／二手数据	定性／定量	何时使用
实验法	原始	定量	来测试因果关系
调查法	原始	定量	了解人口的一般特征
访谈／焦点小组	原始	定性	更深入地理解一个话题
观察法	原始	定性、定量	了解事物在自然环境中是如何发生的
文献综述法	二手	定性、定量	将研究置于现有的研究中，或评估研究中的趋势
个案研究法	原始、二手	定性、定量	深入了解某一特定群体的背景，或有资源进行大型研究时

4.4.3　分析数据的方法

数据分析方法将取决于收集的数据类型以及如何为分析做准备。通常可以对数据进行定量和定性的分析（表 4-5）。

（1）定性分析方法。定性分析是从开放式调查、访谈调查、文献综述、案例研究以及其他来源的文本中分析文字的内容，通常使用非概率抽样方法，定性分析非常灵活，取决于研究者的判断，所以必须仔细考量研究的内容。

（2）定量分析方法。定量分析使用数字和统计数据来理解研究问题的频率、平均数和描述性研究的相关性问题，以及实验研究的因果关系问题，是在实验中使用概率抽样的方法，对数据进行统计学上的有效收集和分析，因此定量分析的结果可以很容易地标准化，并且实验结果很容易被复制。

表4-5　分析数据的方法

研究方法	定性还是定量	何时使用
统计分析	定量	分析实验法、调查法和观察法方式收集的数据
Meta 分析	定量	对大量研究的结果进行统计分析 只能应用于以统计有效的方式收集数据的研究
专题分析	定性	分析从访谈、焦点小组或文本来源收集的数据 了解数据中的主题以及它们是如何交流的
内容分析	定性、定量	分析从调查、文献综述或其他来源收集的大量文本或视觉数据 可以是定量的（即词的频率），也可以是定性的（即词的意义）

第5章 策划系统

策划是整合营销传播运作的核心环节，其他环节都必须服从策划。策划为未来活动提供的全面指导，其他内容只是策划的执行环节；策划需要各个部门通力合作，涉及面大。可以说，策划是整合营销传播的灵魂。整合营销传播计划（IMC 计划）包括市场研究、战略规划、受众细分、营销渠道选择、创意简报和活动信息、预算、投资回报率分析以及活动指标和评估系统。通过一系列的整合在各种媒体平台（杂志广告、新闻稿、社交媒体、公司网站等）保持其主题和信息的一致性，来达到营销目标的最大化。在一般规划流程与原理介绍的篇章中，我们介绍了 IMC 的一般规划流程；在整合营销传播的调查系统篇章中，我们也讨论了市场研究、受众细分等前期、中期和后期调查相关内容；在整合营销传播的策划篇章中，我们着重从内容策划的角度来分析如何进行 IMC 计划的系统策划。

5.1 确定营销目标

营销目标是指在本计划期内所要达到的目标，是营销计划的核心部分，对营销策略和行动方案的拟定具有指导作用。营销目标是在分析营销现状并预测未来的机会和威胁的基础上确定的，可以分为销售目标、传播效果目标、消费者行为目标。营销目标由利润额、销售额、市场占有率、投资收益率、分销网覆盖面、客户/行业渗透情况、价格水平等指标组成。

5.1.1 营销目标的内容

营销策划是最具创意的领域之一，但是很多人搞不清整合营销和广告之间的区别。事实上，广告的目标与营销的目标是完全不同的。广告的目的是品牌和消费者之间进行沟通。在营销数字化之前，品牌和消费者之间的沟通大多是单向的。然而，随着整合营销的发展，像赞助这样的数字广告也提供了双向沟通的机会。相比广告目标的单一性，整合营销目标分为财务目标、传播目标、消费者行为目标三类，如图 5-1 所示。

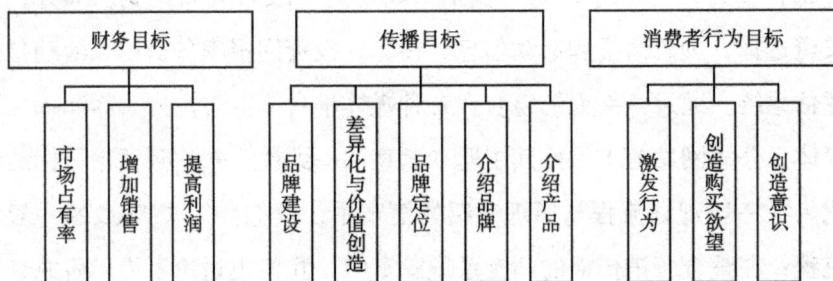

图5-1 整合营销目标

（1）介绍产品。营销最常见的用途是向市场介绍一种新产品。看看市场上最新的 iPhone 或华为智能手机，可以看见很多介绍新产品的广告。这里营销的目的是告诉顾客"我们推出的新产品是什么"。

（2）介绍品牌。现在市场上有很多初创企业，尤其是服务型企业非常注重品牌导向的营销，而不是为单个服务产品进行营销。品牌导向强调在 与目标顾客持续活动的过程中进行品牌意识的创造、发展和保护，从而创造竞争优势，这些公司在市场上宣传自己的品牌而不是宣传单个产品。

（3）创造意识。根据 AIDA 模型，营销最重要的工作是获得关注，需要吸引人们的注意力，使他们了解产品和产品的特点。从被动的宣传变成一种主观的认知。

（4）市场占有率。增加市场占有率意味着获取更多的顾客，换言之，让潜在客户最终选择你的品牌。潜在的客户可能需要一个非常令人信服的理由来考虑你的产品而不是竞争对手的，并且只有当他们看到你的品牌具有更大的价值时才会改变。所以实现这一营销目标要从竞品分析、推广品牌、倾听消费者反馈、对消费者进行鼓励、建立消费者品牌忠诚等角度来实现。

（5）差异化与价值创造。营销还有一个最重要的方面，就是将本品牌的产品或服务与竞争对手的产品或服务区分开来。客户只能根据公司提供的价值和竞争对手的价值来区分服务。如果竞争对手只是宣传产品的功能，而你的公司宣传的是它将遵守的承诺和承诺，那么自然会有更多的客户"信任"你的品牌。这就是营销差异化的目的所在。

（6）品牌建设。当一个品牌定期进行宣传并履行其承诺时，品牌的价值就会自动建立起来。此外，品牌建设还包括其他方面。像宝洁这样的品牌集团虽然有很多子品牌，但经常投资为母品牌建立良好的品牌价值。通过这样的做法，即使一个品牌受到影响，母公司的品牌仍然是不可动摇的。

（7）定位品牌或产品。在营销目标中，其中一个目标是在顾客心中树立正确的品牌或产品的定位。比如古驰、爱马仕都明确地定位为高端品牌。这一地位的实现，首先要有一条价格昂贵的高端产品线，同时也要通过定位高端市场，将广告投放在高端消费人群。除了高端营销，还有细分人群的利基营销。

（8）增加销量。既然为产品做了这么多的营销，最重要的目的之一就是增加销售量。很多时候，这一目标是通过广告实现的。然而，如果广告活动不恰当，或者受众定位不当，那么增加销量的目标就可能落空。尽管如此，也有许多季节性产品，由于适合的宣传销售额立即增加。

（9）创造购买欲望。参考 AIDA 模型，在现今产品严重过剩的买方市场环境下，引起客户注意，激发客户对产品的兴趣。都不算太难，但如何刺激和扩大客户购买产品的欲望，是营销目标关键目的之一。创造出对产品的欲望，从而使顾客想要这个产品，当想拥有的欲望被扩大到足够强烈的时候，客户会自己找上门来。

（10）号召采取行动。数字营销最常见的目标之一就是号召人们采取行动。品牌投放广告、公关稿以及社交媒体，目的就是促使潜在客户采取行动。行动包含填写电子邮件表格、点击链接、观看视频、进行调查等。号召人们采取行动也是营销的目标之一，在这种情况下，希望消费者采取的行动会因营销人员想要达到的目标而有所不同。

5.1.2　衡量营销目标

仅仅列出你想要完成的营销目标是不够的。你还需要验证你的计划，确保它们是实际的、有用的、合理且明智的。衡量营销目标需注意：

- 营销目标不能与企业总体发展目标相背离。
- 营销目标必须切实可行、具体实在，可操作、可衡量。
- 设立的目标能与其他部门尤其是营销部门协调配合。
- 营销目标的即效性和迟效性的统一。

一旦确定了营销目标，就该深入研究这些目标的细节了。仅仅勾勒出你想要达到的营销目标是不够的，还需要验证你的目标，确保它们是实际的、有用的和合理的。你必须检查目标是否能够满足 SMART 原则：

- 具体的（Specific）：具有明确定义和概述的目标，这样整个团队就能理解目标及其重要性。
- 可衡量的（Measurable）：目标有关键性能指标（KPI）和基准，能够对目标进行衡量。

- 可实现的（Achievable）：在你的公司和团队的能力范围内设定
  目标。
- 相关的（Relevant）：一个营销目标都应该与品牌使命和业务方向
  相关。
- 有时间限制的（Time-Bound）：目标开始和结束的时间需要有一
  个时间区段来限制。

最有效的营销目标类型应该是符合 SMART 原则的目标。所以用这个方法来检查每一个营销目标，确保它们是具体的、可衡量的、可实现的、具有相关性的，并且能够在一定时间内完成的。

5.2　确定营销主题

在一个产品或品牌的营销活动中，营销活动中的中心思想或信息被称为营销主题。设置营销主题的目的是将产品或品牌牢牢地植入目标客户的头脑中。因此，在一个具有相同主题的整合营销，创造出一系列的广告，让消费者以多种方式接收到相同的信息，并在他们的脑海中记录下相同的内容。事实证明，这比展示同一产品不同主题的单个广告更有效。

通常，企业品牌认为他们的口号（Slogan）就是他们的营销主题，但事实并非如此。口号可以帮助潜在的顾客记住你，但是营销主题向潜在的消费者解释了为什么他们应该选择你的品牌，而不是竞争对手的品牌。

在决定营销主题之前，需要弄清楚你想通过你的内容传达什么信息。营销主题应该同时考虑到组织的价值观和产品以及受众的痛点。在这两个交集上选择营销主体，更能够满足客户的信息期望。如图 5-2，营销主题更应该关注品牌需求和客户需求的交叉点。

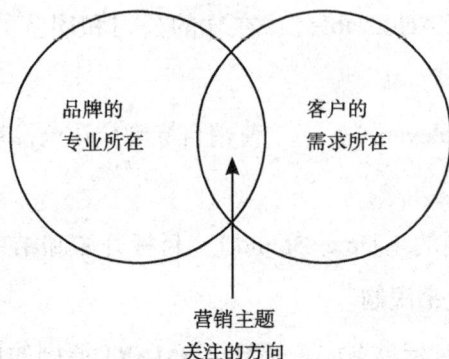

图5-2　营销主题衡量角度

如果你已经有了一个整体的营销策略，那么你应该已经定义了你的品牌信息（品牌专业所在）。如果没有，你需要回到品牌信息策略的基础上，即从根本上来概括你的企业所代表的意义。采用的内容主题需符合品牌的业务目标和客户的需求：

- 与企业整体策略一致。
- 对主题内容进行概括和提炼。
- 跟踪营销主题的效果。
- 创造更新更好的主题。

需要注意的是，过于窄的主题很难持续，营销主题应该有足够的成长空间，来保证能够支撑长期营销内容制作。

5.2.1　理论支撑

5.2.1.1　USP 理论

营销主题具有独特性，卖点驱动让人眼前一亮。

USP 理论的英文全称是 Unique Selling Proposition，主要是指要求向消费者说一个"独特的销售主张"。该理论由美国人罗瑟·里夫斯（Rosser Reeves）于 20 世纪 50 年代提出。它解决的是广告诉求的问题，主张广告宣传必须向消费者提供一个明确的消费主张——产品的独特性、差异性。每一个广告必须向顾客提出一个主张，这个主张必须是竞争对手不能或没有提出的，这个独特的主张必须能够打动消费者。

5.2.1.2　品牌形象理论

让大众接受品牌形象，理解品牌符号的普适性。

品牌形象论（Brand Image）是大卫·奥格威（David Ogilvy）在 20 世纪 60 年代中期提出的创意观念，是广告创意策略理论中的一个重要流派。他认为品牌形象不是产品固有的，而是消费者联系产品的质量、价格、历史等产生的。此观念认为每一则广告都应是对构成整个品牌的长期投资。因此每一品牌、每一产品都应发展和投射一个形象。形象经由各种不同推广技术，特别是广告传达给顾客及潜在顾客。消费者购买的不只是产品，还购买了承诺的物质和心理的利益。在广告中诉说产品的有关事项对购买决策的影响，常比产品实际拥有的物质上的属性更为重要。

5.2.1.3　定位理论

体会消费者的情怀与灵魂共鸣，抢占心智资源。

"定位（Positioning）"概念，最早于 1969 年由杰克·特劳特首次提出，并在之后四十多年的实践中由特劳特和里斯不断地丰富和完善。里斯和特劳特认为，要在预期客户的头脑里给产品定位，确保产品在预期客户头脑里占据一个真正有价值的地位。这种视心智为战场、打造品牌就是要在这场心智战争中取得主导地位的理论称为定位理论。2001 年，"定位理论"被美国营销学会评选为有史以来对美国营销影响最大的观念。

USP 理论、品牌形象理论、定位理论，在不同的企业发展阶段、不同的行业竞争阶段、不同的企业品牌管理阶段，为营销主题确定提供了理论支撑。

5.2.2 营销主题的内容构建

一旦确定了主要营销主题，就可以使用它们来形成整合营销计划的框架，所以营销主题的可行性尤其重要，这将确保企业在内容规划中能够有效地将营销策略落地，同时，在营销策略中涵盖了关键的营销信息。营销主题是头脑风暴的基础，甚至传播的每篇文章标题和每个内容片段都是营销主题的发散式表达。把营销主题想象成一棵树，营销主题代表主干，子主题从分支中萌芽，它们生长出的叶子即为品牌的营销信息。

（1）梳理"营销树"。可以将品牌信息、营销主题和营销话题之间的层次结构想象成一棵树。品牌信息是"营销树"深埋的根基，是让企业与众不同的关键点，为其他营销内容创造基础。树的分支是营销主题，从每个营销主题分支中生长出叶子，这些叶子就是针对某个营销主题而产生的一系列营销话题。就像真正的树一样，有些枝干的树叶会比其他枝干的更多，同样，有些营销主题更容易产生更多的营销话题，但是最终，营销主题和营销话题都应该符合"树根"框架之内，也就是品牌的根本。

（2）提炼品牌信息。每个公司都自己的品牌故事和品牌信息，在不知道如何设定营销主题的时候，不妨让我们剖析一下品牌信息，例如品牌的信仰、品牌的含义、本品牌与其他品牌的差异性。一条好的品牌信息表达应该是简短且直接的，确保筛选出的每条品牌信息都传达出公司的重要的内容。每条信息的字数控制在 30 ～ 50 个字，虽然这些信息不太可能被逐字逐句地使用，但它们都是构建营销内容的指导原则。

（3）将品牌信息扩展到营销主题。一般市场部门所确定的营销主题将指导今年的所有营销方案。主题是基于市场营销和业务目标的知识基础、与销售人员的讨论、分析竞品和行业报告、与客户或潜在客户的对话之后产生的。对于每个主题，必须保证的是在每个主题下能够创建出丰富的营销话题和内容。主题是一个范围，需要创造足够的相关话题，才能推动品牌的营销目标。

（4）更新主题。应该由品牌的长期目标来决定营销主题。主题驱动的内容应该能在未来的许多年里继续为品牌的用户提供价值。然而，这并不意味着营销主题是一成不变的。随着业务的增长和发展，也应及时调整营销策略，确保品牌的营销主题仍然与品牌业务和营销策略一致。定期回顾营销主题可以让品牌有机会发现这些不断变化的需求。这样，才能够保证营销主题永远是与品牌核心业务目标息息相关的。

5.2.3 营销主题的特点

营销主题的主标题应足够简洁、朗朗上口，便于传播。通常，营销主题具有简洁、有趣、易记、易懂、易传播且与产品相关的特点。但能同时满足以上特点的主题很难设置。所以，如果用户不能从主标题中了解营销活动到底是什么，可以用副标题补充说明，让消费者了解活动是什么，能从活动中获得什么。

营销主题贯穿整个营销活动的文案当中，撰写营销文案是为了推广或销售产品或服务或说服读者采取某种行动。营销文案可以教育客户，为顾客提供详细的联系信息，帮助企业提高其产品和服务的知名度。营销主题在不同类型营销文案中的体现形式有很多，如：

长文案：长文案是指文章或帖子的字数超过 1000 字。营销主题通常在文章标题、内容标题里体现。

简文案：简文案通常在 500 字以内，用极简的话术来描述重要信息。营销主题通常在文章标题、内容标题里体现。

网页内容：网页内容可能包括员工简介、公司历史和服务描述，也可能包括博客和在线杂志文章。营销主题通常在网页海报醒目处、网页标题中体现。

社交媒体文案：社交媒体文案包括社交网络上销售或推广产品或服务

的、符合发布平台传播特点文字描述。营销主题通常在社交媒体中以"#话题#"的形式体现。

销售文案：销售文案是指描述促销的内容，可能出现在广告、软文或产品目录中。营销主题在落地宣传单、海报、零售渠道里体现。

公共关系文案：公共关系文案是指为面向公众的媒体设计的文案内容。营销主题通常在新闻稿和公司声明中体现。

5.3　确定营销创意

市场营销中的创意过程包括产生和执行独特的想法，以原始的方式传达信息。例如，服装品牌店可以简单地提供服装出售。然而，利用创意和创造力，同样的服装店可以展示明星着装后优美的姿态以促进服装售出。创意会让信息更容易被记住，从而提高品牌认知度和销量。

尼尔森 2017 年的一项研究报告表明，从媒体平台上的表现来看，弱创意和强创意之间的销售效果差异可高达 13 倍。这也与营销顾问彼得·菲尔德为广告从业者协会（IPA）所做的研究一致，该研究分析了健力士、士力架和约翰·刘易斯（John Lewis）等品牌案例，分析了创造性的重要性，以及缺乏创造性导致效率下降等问题。

5.3.1　营销创意的重要性

如今，企业和营销人员面临着许多挑战，其中许多是前所未有的。企业需要寻找新的经营方式，而营销人员需要在新的、更具挑战性的环境中推广产品和服务。在这种背景下，市场营销中的创造性比以往更加重要。

（1）营销创意帮助企业脱颖而出。我们的现代生活充满了噪音，如果企业想要在市场营销中取得成功，就需要打破噪音，从众多竞争对手中脱颖而出。创意是让企业从竞争对手中脱颖而出的关键。独特的销售点是吸引客户和潜在客户注意力最好的方法之一。令人难忘的原创创意能让消费者更久地记住品牌和产品。

（2）营销创意引起情感共鸣。情感对于营销人员来说是一个非常强大的工具，情感在消费者的决策中非常有说服力。是否购买产品的决定，都是情绪的发泄，比如恐惧、喜悦、愤怒或欲望。营销人员通过营销创意来调动这些情绪，从而激发消费者的兴趣，并最终说服他们购买产品或服务。

（3）营销创意符合成本效益。一个好的营销创意带动的投资回报率更高。一个有创意的营销策略意味着不必在广告支出、合作伙伴等方面投入大量资金，因为创意内容和宣传材料本身就能说明问题。优秀的创意内容可以像病毒一样传播，实现用很少的成本推广自己的业务的目的。

（4）营销创新推动更多创新。创造力能自我促进，在市场营销部门内产生更多的创新。在团队内营造一种鼓励创新思想和创造性的氛围，这会激发员工产生新的想法，并让创意团队持续发挥想象力。

5.3.2　营销创意的原则

（1）目标原则。营销创意必须与营销目标相一致。必须围绕营销目标进行创意，从营销服务对象出发。

（2）关注原则。营销创意要"捉住"广大受众的眼睛和耳朵，千方百计地吸引消费者的注意力，使营销内容在消费者心中留下深刻印象，促成购买。

（3）简洁原则。营销创意简单明了、纯真质朴、切中主题，才能使人过目不忘、印象深刻。

（4）独创原则。在进行营销创意时必须针对不同的消费者、不同的产品、不同的竞争者、不同的媒体，形成独特的创意。

（5）整合原则。创意要将营销诸多要素联结在一起，从而产生统一、完整、和谐的品牌印象，有助于创立有价值的品牌形象。

（6）情感原则。以情感为诉求重点来寻求营销创意，是营销人普遍的做法。向营销内容注入情感因素，打动人心，使受众在强烈的情感共鸣中认知和接受营销的产品。

（7）合规原则。营销创意必须符合法律法规，具有社会责任感，尊重社会伦理、宗教信仰、民族文化及风俗习惯，才能达到正面的、被社会大众认可的传播效果。

5.3.3 营销创意的操作

5.3.3.1 头脑风暴法

头脑风暴（Brainstorming），是指通过收集成员自发提出的一系列想法来为某个特定问题找到结论。换句话说，头脑风暴是一群人聚在一起，群策群力，来产生新的想法和解决方案。人们能够更自由地思考，能提出尽可能多的自发的新想法。所有的想法都被记录下来，并且在头脑风暴会议之后进行评估。关于头脑风暴的具体操作，已经有专家总结了一些技巧形式：

名义群体法（NGT，Nominal Group Technique）：是一个涉及问题识别、解决方案生成和决策的群体过程[29]。首先由小组的每个成员给出对解决方案的看法，并作简短的解释。然后，从所有解决方案的列表中删除重复的解决方案，成员继续对方案进行筛选，主持人鼓励每个小组成员分享和讨论，并给出选择的理由，将两个或更多的想法结合在一起，通常比最初考虑的那些想法更好。

"6·3·5"法：由 Bernd Rohrbach 开发，最初于 1968 年在德国销售杂志 *Absatzwirtschaft* 上发表[30]。每次会议由 6 人参加，由一名主持人监督，以 5 分钟为单元，要求每人每次提出 3 个设想。参与者们交换工作表，把表格传给坐在他们右边的团队成员，结果是在 30 分钟内产生了 108 个想法。"6·3·5"法是一种以"默写"代替"发言"的技巧。

5.3.3.2 检核表法

为了有效把握创意目标和方向，检核表法使用一张清单对所需要的问题一条一条地进行分析，从多个角度诱发多种创造性设想。检核表法通用性强、简便易行，一般包括转化、适应、改变、放大、缩小、代替、重组、颠倒、组合等方面的检核。

奥斯本检核表法。亚历克斯·奥斯本是美国创新技法和创新过程之父。1941 年出版《思考的方法》中提出了"智力激励法"，同年，在创新学专著《创造性想象》一书中，提出了奥斯本检核表法。涉及 9 个大问题：能否他用、能否借用、能否改变、能否扩大、能否缩小、能否代用、能否调整、能否颠倒、能否组合。如表 5-1 所示，展现了检核表法所应该考量的具体方向。

表5-1　奥斯本检核表法

序号	检核项目	含义
1	能否他用	除了大家公认的功能之外，是否有其他用途
2	能否借用	现有的事物能否借用别的经验
3	能否改变	现有事物能否做些改变
4	能否扩大	现有事物能否扩大应用范围增加使用功能
5	能否缩小	现有事物能够减少、缩小省略某些部分
6	能否代用	现有事物能否用其他材料、原件替代
7	能否调整	能否调整已知的布局和程序
8	能否颠倒	能否从反方向考虑
9	能否组合	能否将方案、原理、功能等整合

和田十二法。我国的创造学者许立言、张福奎等在奥斯本检核表法的基础上，借用其基本原理，加以创新，提出了思维技法"和田十二法"。

"和田十二法"包含十二个一：

加一加：加高、加厚、加多、组合等。

减一减：减轻、减少、省略等。

扩一扩：放大、扩大、提高功效等。

变一变：变形状、颜色、气味、次序等。

改一改：改缺点、改不便之处。

缩一缩：压缩、缩小、微型化。

联一联：原因和结果有何联系，把某些东西联系起来。

学一学：模仿形状、结构、方法，学习先进。

代一代：用别的材料代替，用别的方法代替。

搬一搬：移作他用。

反一反：能否颠倒一下。

定一定：定个界限、标准。

5.4　确定营销表现形式

5.4.1　创造性表达形式

创造性的表达可以使抽象的营销创意概念更加具体化、个性化，这些表达形式可以是艺术性的，也可以是技术型的。可以通过音乐、视觉艺术、工艺、写作、摄影、戏剧或运动等形式，来表达头脑和想象力创造出的创意想法。创造性表达有助于使概念更具体，各年龄、背景和各行各业的人都能从创造过程中受益。

写作：参与者可以写原创诗歌、歌曲、戏剧、故事或散文，也可以从其他来源收集相关资料。

艺术：随着技术的发展，承载艺术的媒介也多样起来，绘画、拼贴画、雕塑、摄影、装置制作、海报设计、横幅、T恤衫等平面艺术的形式，在公众平台承载着创意的表达。

音乐：音乐也可以是创意形式的表达，不同年龄的群体对那些激发、激励他们的歌曲也会有不同相应的反应，对于营销传播来说，也是创意表达的形式之一。

运动与舞蹈：这些非语言形式的艺术往往"说不出来"，但是却能够通过肢体动作，传递出创意信息与情感。

5.4.2　创意表达的手法

在创意表达的过程当中，创意表达的表现手法主要利用幽默、性感、恐惧、焦虑、热情等情感因素来唤起消费者的情感共鸣。

幽默：幽默一直被视为创造力的催化剂。幽默会让消费者产生情感上的联系。当然，一定要恰当地使用幽默。需要真正了解消费者，了解什么是有趣的，什么是冒犯的。通过讲一个故事的形式来阐述观点，让消费者与你同步思考和微笑。幽默能够让营销变得有趣、与消费者建立联系，并提供高质量的体验，让他们笑起来，他们就会记住你。

性感：不知你是否注意到，性感营销已经成为市场营销的重要分支之一。在大多数人的印象中，使用性感营销的品牌与性本身或与身体直接相关，比如中国网民非常熟悉的杜蕾斯、维多利亚的秘密、CK 等。虽然目前没有足够的证据证明性感在营销中带来的销售效果，但性感营销的方式可以吸引消费者眼球，增加产品和品牌的曝光量。

恐惧：恐惧是失去安全感时一种基本的心理状态。根据 WordStream 的一项研究，绝大多数广告要么是中性的，要么是正面的，只有 2% 的广告在信息传递或形象方面是负面的。这给了品牌一个很好的机会，恐惧营销可以让你脱颖而出，提高点击率。但也要注意，基于恐惧的营销策略是有争议的。我们不主张在营销中使用恐惧，是因为当利用消费者巨大的恐惧、羞愧、内疚来营销时，营销人员很难保证以一种合乎道德的方式来做到理性传播，从而使品牌陷入舆论的旋涡。

焦虑：与恐惧营销一样，一些品牌利用消费者的焦虑情绪来产生有利于品牌商品的消费行为。品牌利用诸多情形来说明消费者产生焦虑的原因，并且提供减轻焦虑的方法。焦虑时代，焦虑的消费者寻求品牌来获得信息和情感上的安慰。宝洁公司多年来很多营销策略上都采用了焦虑营销方法，例如海飞丝去头屑广告等。这种表现手法虽然能够在大众品牌中起到良好的效果，却不适用于将目标定位高端消费者的品牌以及奢侈品牌。

热情：在营销创意中，渲染热情的氛围是比较有效的表现手法。品牌之所以成功，是因为他们激发了消费者的热情，然后用热情来推动持续的购买。品牌热情营销的关键是超越产品的功能，与消费者建立情感联系。在这种营销方式中，消费者与品牌的关系成为人们关注的焦点。就像任何良好的关系，它开始于定义你是谁，你代表什么，你将如何行动。营销者可以通过在营销的科学与艺术之间取得新的平衡来增强品牌热情。尤其是焦虑时代，品牌的热情能够创造出令人向往的效果。

5.5　创意简报

在营销策划过程中，写一份完整的创意简报是必要的，没有创意简报就进入一个项目就像盲目飞行。由于许多市场营销部门生产大量的实物产品，并且需要在交付时尽可能灵活，因此流程尽可能高效是至关重要的。而把创意落地则要从一份写得很好的创意简报开始。

5.5.1　什么是创意简报

创意简报是用来概述创意项目策略的文件，包含项目实施细节、项目的目的、目标、需求、产品信息、细分人群信息和其他关键信息。通常，在项目启动阶段，创意简报会帮助创意团队从一开始就更好地理解项目，并可能呈现给关键的利益相关者和客户。虽然不是所有的创意简报都是一样的，但它们都有相同的基本布局。由于有些项目需要比其他项目更详细的计划，试图仅用一个详细的创造性简要模板来完成所有的工作，将浪费大量的时间和精力。这就是电子创意简报在营销工作管理工具中派上用场的地方。一个高质量的创意简报是可定制、可调节的，所以可以设计它只涵盖特定类型项目的必要信息。有效的创意简报能够概述出好的创意实现形式。本质上，创意简报只需要明确谁、什么、在哪里、何时，以及如何呈现创意。

5.5.2　创意简报的作用

（1）创意简报可以清晰呈现整个计划。一个项目需要有目的、目标、期望和存在的明确理由。在创意简报中，你要清楚地表达你的愿景，证明它的好处，并计划如何瞄准你的受众。从一开始，一份有创意的简报就能让每个人在项目启动前达成共识。

（2）好的创作简报会节省时间。好的创意简报不只是一份文件，它还是一种工具，能够在设计过程一开始就促进清晰而彻底的交流。一个清晰的概要可以防止最后一刻的项目变更、误解和目标冲突——所有这些都将花费团队宝贵的时间和金钱。

（3）明确问责。就项目的范围、可交付成果、目标、角色和执行达成一致，将有助于确定团队、建立参考标准。最重要的是，在一开始就建立信任，这将非常有助于进程的顺利进行。

（4）请求和批准将得到更快的处理。模棱两可的目标很难实现。创意简报的设计可以使上层审核人员的工作更加清晰，从而最大限度地减少评审和批准过程中遇到的困难。简报最好在计划阶段就得到审核，而不是在预执行阶段。

（5）有助于产出更高质量的产品。设定明确目标、与业务目标保持一致，当每个人的时间都得以明确，目标也很明确时，团队就更容易达成目标，也更有助于产出更高质量的产品。

5.5.3　创意简报的构成

创意简报必须在简洁与关键细节之间取得平衡。它需要包含足够的有效信息，又不能过于繁杂。创意简报应该回答以下问题：

- 我们为什么要这么做？
- 问题或机会是什么？
- 创意简报是给谁的，跟他们有什么关系？
- 相关人员的工作的范围是什么？
- 在哪里，何时，以及如何使用此创意简报？
- 我们如何衡量这个创意是否成功？

一旦你确定了这些问题的答案，就把这些信息提炼成以下几个关键部分，如表5-2所示：

表5-2　创意简报的构成要素

构成要素	含义
项目背景	为什么我们现在要启动这个
目标受众	我们的目标群体是什么
核心业务目标	我们希望实现什么
创意策略综述	活动主题、诉求点、执行技术是什么
支持性信息	关键细节是什么
利益相关者	这个团队需要什么相关人员
可交付物	可交付的内容（电子书、视频、广播广告等）是什么
时间表	需要什么、何时需要

（1）项目背景。在向相关负责人介绍过程中，应该先让其知道所分配

项目的项目背景。他们需要知道为什么做这个项目？需要他们做什么？机遇和挑战是什么？

（2）目标受众。在项目开始之前，需要了解项目针对的客户人群。他们的年龄有多大？他们来自哪里？他们的平均工资是多少？他们的切身利益是什么？

（3）核心业务目标。应该在一开始就与团队和利益相关者充分讨论清楚此种创意能够创造的价值。在传播价值和商业价值之间，通常，以商业目标为首要目标时，选择可能会变得容易。

（4）创意策略综述。创意策略综述可以归结为几个或更少的关键信息描述：创意点是什么？最需要传达给观众或唤起观众的是什么？一些机构称之为"伟大的想法"。

（5）支持性信息。这一部分对于外部机构来说尤其重要，因为他们可能需要在这里了解到如何支持此创意的执行，策划人员要澄清音调、颜色、字体、大小、logo 规格和任何其他与项目相关的指导方针。

（6）利益相关者。创意团队中谁负责这个项目？谁是客户的决策者？应该去找谁批准？这也涉及"谁"以什么顺序行动。

（7）可交付物。可交付物是客户对项目的整体愿景。如果你不能向客户描述交付物是什么，无论你的团队所做的工作多么出色，如果与客户愿景不符，最终都会令人失望。

（8）时间表。什么时候开始？最终版本什么时候交？里程碑是什么？子任务什么时候到期？在收集这些信息时，重要的是要确定客户期望在什么时间执行。例如，他们是否只有两天的时间来提供反馈？这些项目和日期必须从一开始就明确定义，这样客户就会明白，他们一方的任何延误都会导致项目的全面延误。

图 5-3 结合创意简报的基本要素，展示了一个创意简报应该涵盖内容的示例模板。

项目名称

利益相关者

负责人：
批准人：
执行人：
顾问：
通知人：

日期安排

执行日期：
截止日期：

预算

项目信息

背景：我们在推广什么？我们为什么要推广它？提供机会和目标的背景/基础。

策略：项目的总体战略是什么？

市场机遇：能够解决什么问题？

目标：预期的结果是什么？最好是可以衡量的结果。

目标受众：目标消费人群？人口统计信息是什么？

关键信息：我们的独特卖点是什么？我们希望观众留下的最重要的信息是什么？

支持性信息：关键信息的执行者及任务分配是什么？

创意综述：整个创意方案的概述及示例展示

竞争对手分析：竞争对手情况如何？为什么？

图5-3　创意简报示例模板

第6章 推广系统

促销是营销的四个基本要素之一。有效的市场推广是时尚整合传播的关键。营销推广是与尽可能多的人分享有关某一特定品牌、产品或服务的一系列活动，目的是增强品牌意识，增加销售额。整合营销传播需要有一个明确的推广目标，这样才能实现其目标。目标包括并不局限于：

- 推广新产品或新服务。与现有产品和服务相比，不断地向市场推出新产品和服务，是在利基细分领域找到一席之地的机会。

- 品牌形象的发展。品牌形象很容易让消费者将某一品牌与某一特定产品联系起来。例如，提到牙膏时联想到高露洁，提到轮胎的时候联想到米其林，提到足球的时候联想到曼联和皇马。这一推广目标倾向于创造或恢复品牌形象，并使产品在市场上更容易辨认。

- 告知消费者。市场推广对于告知消费者产品或品牌政策的变化是至关重要的。告知消费者的行为还有助于描述产品的特点和细节。

- 表现出比竞争对手更强的优势。现在每个品牌都在使用促销营销，所以要想保持竞争力，每个品牌都需要采用长期的整合推广策略。

- 把潜在买家变成真正的顾客。如果促销方式，如公关、广告和其他推广手段应用得当，就会刺激消费者对产品的需求。

6.1　接触点

什么是品牌接触点？品牌接触点是指一个品牌与其客户之间的任何互动或交流。维基百科是这样解释的："营销沟通中的接触点是一个品牌与潜在客户和现有客户互动和展示信息的不同方式。接触点允许客户每次接触产品、服务、品牌或组织的任何部分时，跨越多个渠道和不同的时间点，都能获得体验。"简单地说，品牌接触点是品牌每天与客户沟通的机会和渠道。这样，客户就能够更接近品牌，并因此继续使用该品牌。

品牌接触点一定是随着时间和科技的进步而不断更新的。对于品牌来说，重要的是要掌握各种客户可用的接触点并利用它们，否则可能会发现自己严重落后于竞争对手，而他们却从你错过的接触点接手客户。在添加品牌接触点之前，可以将品牌与消费者之间的引线分成四个各类：

- 冷引线：不知道该品牌、产品或服务。
- 暖引线：意识到你的品牌，但需要更有说服力。
- 热引线：几乎可以购买，但仍在考虑其他选择。
- 新客户：新客户现在与你的品牌建立了关系，但需要培养和成长。

（1）为什么要整合品牌接触点？

品牌接触点的组合确保了品牌以一种有意义的方式整合行动，它在履行其承诺方面是稳定的，这也有助于它成长为一个有吸引力的、可靠的、值得信赖的品牌。在现代品牌社区中，品牌接触点管理的价值和意图都得到了普遍的理解。然而，要充分发挥品牌和营销经理的作用，仍然是公司面临的挑战，他们需要找到一种有效的工具来指导、引导和实施品牌识别战略。

接触点可以像产品包装一样有形，也可以像社交对话一样抽象。建立您的品牌独特的销售主张（USP），了解您的目标受众的特点和习惯，将有助于确定您的品牌独特的接触点。

（2）谁创造了品牌与客户的接触点？

通常我们认为，接触点的创建完全取决于作为企业主的品牌方，但情况并不总是如此。当客户接触到品牌业务时，他们同样是在创建一个接触点。也许他们会查看品牌的网站来查询营业时间，或者打电话给客户服务热线看看是否可以退货。消费者启动了这些接触点，则企业需要做好准备，使其积极有效。

第三方也可以创造接触点。例如，你的一个客户在他们的社交媒体上看到了对品牌业务的评论，这强化了他们对品牌业务的积极的看法，这就是第三方创造的接触点。例如，你的企业得到媒体的报道，无论好的、坏的，或者中立的报道，对你的客户来说，都是第三方创造的一个接触点。

（3）接触点在哪里出现？

对于大多数中小型企业，接触点主要出现在公司的网站、电子邮件、社交媒体和产品包装上。如果业务是全新的，品牌刚刚起步，这些就是你首先要关注的接触点领域。

如果你的公司有一个实体的位置，或者在当地的活动中有摊位，与客户的面对面互动也是接触点，包括从产品标识、员工问候到产品展示、结账时的便利。

除此之外，接触点还可以采取媒体报道和社区活动赞助的形式，以及直接邮寄、印刷和数字广告，售后客户调查等形式。

（4）怎么才能用接触点来建立你的小企业品牌呢？

不管使用哪个平台与受众进行交互，遵循以下三个简单的指导原则可以帮助企业从创建的每个接触点中获得最大的价值。

消息保持一致。选择统一的标志，统一的标语，统一的配色方案，并坚持使用它们。许多小企业忽视了视觉品牌信息的重要性，导致他们的接触点变得杂乱无章，间接地把企业描绘成没有条理和不专业的形象。

积极努力将任何中性或负面接触点转化为积极的一面。这一点在社交媒体上尤为重要，企业发布的任何帖子都可能会在公共论坛上发布。请记住，这些情况不仅是某一个客户的接触点，也是每一个消费者可能的接触点，所以最好积极地沟通，来提升客户满意度。

跟踪品牌的接触点，看看是什么产生了点击、销售和推荐。改进或消除那些不能产生积极结果的接触点，这样你就不会在低回报的流程上浪费时间和金钱。

营销接触点可能是小企业成功的很大一部分原因。

6.2　接触点的工具

一般来说，常用的营销推广工具包括公共关系、广告、促销、直接营销、赞助等。在互联网时代，能够链接品牌与消费者的接触工具也变得多了起来，除了传统媒介，例如报纸、杂志、电视、广播等，以及互联网媒介，例如社群、平台APP、官网、搜索引擎，还有如今新兴的户外媒介，例如电子大屏、空域造景、分众传媒等，也是创造接触点的工具。

6.2.1　广告

广告是一种营销传播方法，它试图告知、影响品牌的潜在用户的意见和购买行为。广告是一种单向的信息，旨在推广确定的组织、品牌、产品、服务或想法。尽管我们可能没有意识到，但无论我们走到哪里，广告总是存在的。广告具有传递特定信息的能力，使其在大多数企业的营销中扮演重要角色。

所有的广告都试图吸引目标受众，但不同行业和不同情况下的广告策略会有所不同。一个广告商的目标可能是从客户那里立即作出反应或采取行动，而另一个则可能是在较长的时间内形成一个积极的品牌意识。

1925年，斯特朗将AIDA模型引入广告效果评价中，成为第一个广告效果测量模型。AIDA 模型（意识、兴趣、欲望、行动）用一系列的效果来说明消费者在购买过程的四个阶段。

- 意识：潜在客户意识到他们的需求和可行的解决方案。广告会引起顾客对产品的注意，让客户意识到这个品牌是可用的。

- 兴趣：继续诱导顾客，想办法激发顾客的兴趣，让顾客对服务或产品产生兴趣。

- 欲望：刺激顾客购买的欲望时，要尽可能让顾客相信他购买商品是因为需要，而他需要的商品来于他所意识到、感兴趣的这个品牌。

- 行动：购买决定由顾客自己做出，而推销员的作用则是不失时机地确认顾客的选择是正确的。

6.2.2　公关

公关（PR）的主要目标是传播重要的公司新闻或事件，维护品牌形象，并对负面事件进行积极处理，以将其影响降至最低。公关可能以公司新闻稿、新闻发布会、记者采访、社交媒体发帖或其他形式出现。每个在公众视线下运作的个人或企业都面临着信息向公众传播的问题。公关本身就是一个行业，而试图以某种方式向他人描绘解释自己的行为也可以被视为公关。

一般来说，公关比广告有着更高的可信度，人们倾向于在相信自己在报纸和新闻上读到的东西，以及在电视上看到的东西，而不是他们在广告中看到和听到的东西。基本上，一篇新闻报道和一个公关声明稿比广告更值得信任。

6.2.3　销售促进

无论一家企业多么成功，总会有需要提振销量的时刻，这时就需要用到促销这一工具，促销活动使公司能够通过各种各样的客户利益来增加短期收入。

　　促销是一种营销策略，企业利用临时活动或提议来增加对其产品或服务的兴趣或需求。企业选择使用促销的原因有很多，但最主要的原因是促进销售额。

　　促销活动有很多种，但并不是所有的都适合于固定的业务、产品或服务。每一种方法都提供了独特的方法来促进销售和联系客户。以下是一些常用促销方法：

- 竞赛和挑战：竞赛或挑战通常发生在社交媒体上，让客户试着赢得折扣或免费产品，从而提高客户参与度。如果客户在个人社交媒体账户上分享品牌活动，通常也能带来大量的免费宣传。

- 产品包：产品包是指一组产品的整体折扣，而不是单独购买产品。产品包使客户购买更多种类的产品。

- 限时抢购：限时抢购是一种限时的销售，即在有限的时间内提供极端的折扣，通过创造一种紧迫感来增加消费者对产品的购买欲望。

- 免费试用：免费试用是最常见的促销活动之一，也是扩大客户群最有效果的策略之一。企业免费提供有限数量的产品给新客户，看看他们是否喜欢它。

- 免费送货：研究表明，70%的顾客会在看到额外送货成本时放弃购物，免费送货促销试图控制运费上的小损失，在客户满意的购买中得到弥补。

- 免费产品：免费产品的促销方式是在购买主流产品时提供一个免费的小样品。可以在不耗费公司太多库存或收入的情况下提升主流销售量。

- 预购或首次购买者优惠：通常，商家会为新会员预留一些预购或首次购买的优惠折扣，作为欢迎他们成为顾客的一种方式。顾客作为新用户只能以打折的价格购买一次，所以公司不会损失很多就能完成促销策略。

- 买一送一：买一送一的促销活动主要用于宣传产品。客户可以把他们额外的产品送给朋友或家人，并通过口口相传建立客户基础。

- 优惠券和代金券：优惠券和代金券可以用来奖励现有客户以保持品牌忠诚度，鼓励未来的二次购买。

- 加价促销：加价促销不像其他促销那样常见，但它们仍然非常有效。加价促销是给首次购买产品的顾客提供一个便宜的版本，随着时间的推移，销售会说服他们购买更昂贵、更有效的产品。

- 订阅：并不总是被视为促销手段。订阅指客户为大量的产品提前支付的费用比他们单独购买少量产品所支付的费用要少。

- 捐赠：对于一个公司来说，捐赠是在客户中建立信誉和好感的方式。当公司在一定时期内将每笔销售额的一部分收益捐献给慈善事业时，消费者会在这项促销活动中获得满足感。

6.2.4　直接营销

直接营销旨在选定的消费者群体中实现特定的行为（如下订单、访问网站）。广告客户或营销人员的沟通方式可以采用许多不同的形式，如直接邮件、电话营销。直接营销消费者的反应是可以衡量的。例如在线商店为消费者提供了折扣代码，那么很容易就能统计出哪些用户通过电子邮件营销使用了折扣代码。直接营销与间接营销的区别在于，直接营销是为了让客户购买品牌的产品或服务，而间接营销的目标是建立品牌意识和忠诚的受众。

6.2.5　赞助

赞助是指对品牌营销活动的财政或实物支持。企业经常使用的赞助形式有贸易展、体育赛事、团体或慈善事业活动，以提高自身的竞争优势。

虽然赞助是一种营销形式，但不同于广告试图通过分享关于某一产品或公司的特定信息来说服客户进行购买，赞助并不会直接推销产品或服务。相反，赞助支持消费者所关心的特定活动事件，然后品牌业务将与活动相关联，从而潜移默化地提升品牌的影响力。

赞助这一营销形式在贸易展览、体育赛事、慈善活动或商业活动中的推广机会包括：赞助新闻室、国际休息室、演讲者或贵宾室、颁奖典礼、教育节目、横幅、徽章、视听设备、显示电脑、穿梭巴士、手提包或其他品牌物品。赞助可以帮助企业提高信誉，改善公众形象，树立威望。与其他形式的营销一样，赞助被定义为战略性地接触目标客户的一种方式。

赞助可以让品牌到达目标利基市场，而不像传统广告那样花费和效果具有不确定性。战略性的赞助可以帮助企业同时满足多个营销目标。

- 影响消费者的态度。赞助企业客户所关心的活动可以品牌创造积极效应。如果顾客觉得企业和他们关心同样的事情，他们会对这一企业增加好感。

- 节约成本。实物产品的赞助通常比传统广告更便宜。

- 拉动销售。推动销售与品牌意识密切相关，许多赞助允许品牌向消费者介绍产品，从而鼓励他们购买。例如，在贸易展上的食品或化妆品公司，为顾客提供样品。

- 增加媒体曝光机会。对许多小公司来说，媒体的报道非常昂贵，财务上无法企及。但是，如果可以赞助某些场合或行业贸易展，则可以利用媒体报道增加曝光机会。

- 让自己从竞争对手中脱颖而出。赞助一项活动，尤其是独家赞助，能让企业在消费者心中树立积极的形象，从而与竞争对手区别开来。

- 树立良好形象。并非所有的赞助都必须围绕行业活动展开。赞助运动队、慈善活动或博物馆这样的公共组织会让企业展示亲善有良知的一面。客户会认为你对国家、社区做出了贡献，从而与品牌建立了良好的关系和积极的联系。

6.3 接触点的媒体形态

6.3.1 传统媒体

传统媒体义，指的是更为传统的媒体形式，包括报纸、广播、电视、海报、传单、广告牌、杂志，甚至短信营销。依托于传统媒体的市场营销相对比较昂贵，很难用投资回报率来衡量。然而，它可以非常有效地针对当地受众，以及老年群体和喜欢"老派"媒体的部分人群。

多年来，市场营销一直使用这些传统方法来接触消费者并激励他们购买。直到互联网时代的崛起，随着消费者需求和期望的演变，市场营销也开始寻求转变，这也导致了新媒体和数字营销方法的兴起，一些传统营销方法的流行度下降，从而引发了传统媒体和数字媒体之间的争论。

传统媒体可以让企业通过广告、平面杂志、电视等方式锁定广泛的目标受众。相比之下，数字媒体则是通过社交媒体、付费在线广告和搜索引擎结果锁定一个狭窄而精准的目标受众。在价格方面，因为传播目标和广告渠道比较宽泛，所以传统媒体的成本往往高于数字媒体。

在过去的十年间，传统媒体经历了严重的衰退。原因是观众对传统媒体宣传活动的参与度降低了，甚至会在一定程度上忽略它。随着人们更多地在网上购物和日常生活，一种新的媒体策略正在兴起，广告商也开始转向数字领域。然而，传统媒体衰落和新媒体崛起并不意味着传统营销的没落。虽然数字营销策略通常是大多数公司的最佳选择，但有时传统媒体和新媒体的结合也能奏效。在当今以互联网为中心的时代，走向数字化对于企业来说是必然的。数字营销确实为营销人员提供了许多优势，包括负担能力、全球影响力、个性化和更好的参与可能性。

尽管数字营销是理想策略，但研究表明，在 2021 年，传统营销仍在继续。美国市场营销者最近开始增加对传统媒体的预算，这归因于按需流媒体服务的整合。这意味着数字营销不会在短期内取代传统媒体。两者都有优势，其整合会给品牌带来巨大的增长。

那么，如何有效利用传统媒体与新媒体？

（1）用印刷媒体为企业的网站和社交媒体做广告。将网站和社交媒体设计在印刷媒体的包装、宣传品上，甚至可以在印刷媒体上附带二维码等信息，将客户引导到数字媒体上，这种传播手段能有效地带来线上流量。

（2）使用传统媒体和数字媒体来整合营销。利用多种营销渠道可以最大限度地接触到线上和线下的客户。麦当劳就是一个很好的例子，他们使用广告牌、平面广告和电视广告，但他们在网上也有很强的影响力。

（3）通过整合营销培养潜在客户。传统媒体和数字媒体相结合的方式之一就是培养潜在客户。传统营销在吸引更广泛的受众方面非常有效，而数字营销更有针对性。当两者结合使用时，它可以帮助你与潜在客户和现有客户建立更深入的联系。

6.3.2　数字媒体

数字媒体也称为新媒体，主要是在网上或在某种程度上涉及互联网的营销方法的集合。这些方法包括：搜索引擎优化、点击付费广告、内容营销、社交媒体营销、电子邮件营销等。

这些数字媒体的方法已经存在了很多年，当讨论传统媒体与新兴媒体的话题时，称这些方法为"新兴"属实有点误导，因为它们只是相对于传统媒体来说比较新，随着科技的进步，更多的数字媒体形式越来越多地展现出来。

6.3.2.1　搜索引擎优化

搜索引擎优化，通常缩写为 SEO，是指一个网站提高其在搜索引擎结果页面的排名的过程。搜索引擎优化是在线营销的重要组成部分，因为如果没有搜索排名，你的网站可能永远不会吸引目标客户点击。

SEO 能够提高官方网站在搜索引擎中的排名。最有效的方法之一就是使用关键字。关键词是从网站内容中特别筛选出的单词或短语。这些关键词与人们正在搜索的词或短语相匹配。如果使用了正确的关键词，你的网站就更有可能出现在这些搜索中。

然而，网站的排名并不仅仅是由关键词决定的。一个站点在搜索中的可见程度取决于它从其他站点获得的链接数量。其他网站引流的链接数量越多，此网站更有可能被搜索引擎信任，从而获得更高的排名。

研究表明，搜索引擎排名与品牌业务能够产生的潜在客户数量和收入紧密相关。正是因为这个原因，品牌更应该考虑为网站进行搜索引擎优化，并提高其在搜索引擎结果中的可见程度。

有几种方法可以提高企业在搜索引擎上的排名。主要方法是使用关键字。关键字是企业选择并战略性地放置在网站内容中的单词或短语。这些关键词是根据人们可能会用来找到网站的搜索词来选择的。如果正确使用关键字，很可能会因为这些关键字而使网站的排名更高。然而，搜索引擎优化不仅限于关键字。链接是 SEO 的另一个关键组成部分。与其他网站的链接可以帮助企业的网站在网络搜索中变得更显眼。如果企业的网站有多个指向它的链接，这将向搜索引擎表明此网站是一个值得信赖的来源，其他网站认为它很有价值。另外，如果你的网站链接很少，它的排名就会更低。影响 SEO 的因素还有很多，最好把 SEO 策略留给专家。

6.3.2.2 点击付费

点击付费（PPC，Pay-Per-Click）是另一种新媒体策略。点击付费是一种数字广告方法，企业可以选择想要竞标的关键词。一旦竞标成功，广告将显示在这些条件的搜索结果之上。只有当有人点击广告时，你才需要为广告付费。因此，如果没有人点击你的广告，企业就不必付费。与搜索引擎优化不同，搜索引擎优化需要几周时间才能看到结果，点击付费广告可以在网站上线的那一刻就为网站带来高质量的流量。如果品牌想快速提升销量，点击付费是一个不错的选择。

6.3.2.3　内容营销

内容营销是一种新媒体营销形式，顾名思义，这种营销方法依赖于有价值的内容，包括文章和指南等书面内容以及视频等视觉内容，借此吸引潜在客户和意见领袖。内容营销的流行源于消费者对娱乐、吸引人或有帮助的内容的兴趣较强。如果品牌在提供产品之余能够为消费者提供一些有价值的东西，比如答疑解惑或提供建议指南，消费者就更有可能对品牌产生好感。内容营销之所以受到欢迎，也是因为它能够对网站的搜索排名产生影响。搜索引擎会倾向于给那些提供大量、有价值的内容更高的排名。

6.3.2.4　社交媒体营销

数据统计，截至2021年，82%的美国人都在使用社交媒体，越来越多的企业利用社交媒体来接触新客户，同时也加强了与现有客户的关系。社交媒体的最大优势在于，它允许你与潜在客户进行一对一、未经过滤的对话。品牌能够及时地看到问题、回应反馈，并以非常个人化的方式快速解决问题或预防可能出现的问题。对于那些想要改善客户服务的品牌来说，社交媒体营销的优势显而易见。

6.3.2.5　电子邮件营销

电子邮件营销是新媒体传播方法之一，品牌直接接触到客户，并激励客户采取行动。虽然品牌会将电子邮件可能归为推式营销，但电子邮件在被发送到某个消费者群体列表之前，消费者会表现出他们对此类内容的兴趣，因此电子邮件也可以被视为集客营销。集客营销与推式营销最大的不同就是以"拉"的方式吸引顾客关注产品和品牌。集客营销通过网上媒体平台按照顾客的需求利用顾客对产品和品牌信息引到购买平台或品牌网站。推式营销则是指通过电视、网络、传单、广播等方式将产品或品牌的特征、用途等"推送"给顾客。

6.3.2.6 社群营销

社群营销是在网络社区营销及社会化媒体营销基础上发展起来的用户连接及交流更为紧密的网络营销方式。社群营销主要通过连接、沟通等方式实现用户价值，具备人性化的优点，其建立条件包括人力和资金、内容和服务、时间和耐心、产品及营销模式等。

网络社群的概念是由于 WEB2.0 的发展以及社交网络的应用而逐步流行起来的。网络社群概念的出现较早，大约出现在 2006 年前后，社群经济、分享经济等概念也是在同样的背景下逐渐被认识的。虽然网络社群存在的时间比较长，但是品牌社群营销是一个相对较新的概念。品牌社区的兴起为营销人员提供了一个与客户建立紧密联系的新机会，可以让消费者、品牌粉丝与品牌本身建立起深厚的联系。

社群营销能够提供更好的客户体验。营销人员能够通过社群更好地了解客户，并为营销活动提供一个非常真实的接触点（接触渠道），如客户投诉、产品反馈等。活跃的社群能够帮助品牌与消费者建立一个忠诚的关系链接，对于营销者来说，这是一个可以降低投放成本，建立品牌口碑的机会。强大的社群为品牌口碑的增长提供了肥沃的土地，能够让会员口口相传，成为口碑传播的阵地。

同时，社群营销也有很多壁垒，社群的建设与传统营销大相径庭。社群影响力和社群信息传递方式具有很高的难度，需要具有独特技能和沟通方式的专业运营人员。品牌也必须愿意诚实地面对负面评论，真诚地沟通，倾听社群成员的意见，获取信息并不断改进。专注于长期的品牌建设和客户体验，需要团队人员持续关注社群反馈。社群营销有许多成功案例，例如：

乐高社区

乐高社区是一个社群营销很好的例子，它以名为 Lego Ideas 的网络平台的形式表现出来。该平台允许社群成员分享新产品的设计想法，并展示他们用乐高制作的作品。然后成员们可以投票并对设计想法发表评论。乐高自 2014 年以来一直努力构建乐高社区，为乐高粉丝提积极互动的平台。

Lululemon 战略社群

Lululemon 独特的社群战略使其成为一个成功的时尚零售商。他们的战略不是依赖数字平台，而是专注于运营本地化的社群。通过产品赞助和其他形式的合作，与瑜伽教练和健身中心老板等建立合作关系，并通过瑜伽教练连接中产阶级的高知独立女性，建立社群，从而形成一个有着共同瑜伽健身需求的小众圈层。有了第一批用户后，Lululemon 也从北美扩张到海外，在一种能够相互理解的氛围中，不断地复制社群运营规则，从而让 Lululemon 成为社群营销的范本。

阿迪达斯创作者俱乐部（Adidas Creator's Club）

阿迪达斯创作者俱乐部是一个通过奖励机制组建而成的社群。社群成员通过上传图片或参加锻炼等活动，就能够获得提前预售、产品折扣或活动独家邀请等奖励。

阿迪达斯的社群建设方式比乐高的社群更直接。他们自己组织活动、奖励社群成员，这需要运营技巧以及对客户需求的深刻理解。

6.3.2.7　视频营销

在互联网主导的世界里，消费者对数字和视觉内容的需求呈指数增长。视频讲故事的营销方式成为与客户联系、传达品牌价值观和使命、展示产品的完美方式。

视频营销依赖于能够与观众联系在一起并吸引他们感情共鸣的视频。

这种视频可以用来教育、激励、宣传或娱乐。但视频营销并不是生涩的在视频内容中推销产品或品牌，而是要讲述一个引人入胜的故事。创意核心就是创造一个吸引人的视频，展示品牌核心价值观、愿景或目标。这个故事可以是一个有趣的动画，也可以是一个由真人演员和精心制作的视频剪辑组成的故事。

6.3.3 户外媒体

通常，在家里以外看到的广告形式都可以称为户外媒体，主要分为几个类别：广告牌、海报和交通工具。随着企业转向数字战略，社交媒体和线上广告占据了营销中心位置。部分营销者担心传统媒介、印刷媒介会灭绝。然而，户外媒体似乎能够年复一年地打消这种担忧。根据美国户外广告协会的数据，2018年户外广告收入比上年增长了4.5%，户外广告牌、街道立牌、公交、数字大屏的人气仍然很高，因此成为企业的热门选择。

6.3.3.1 广告牌

广告牌是最普遍的户外媒体，在高速公路和繁忙的城市街道，广告牌以简洁的信息、具有冲击力的视觉图案展示给广大受众。广告牌能够有效地建立品牌意识，传播品牌的产品或服务。与其他营销方法相比，广告牌的浏览量和印象往往最高。广告牌的成本取决于许多因素，包括广告牌的位置、该位置的总流量，以及浏览此广告牌的消费者细分。

6.3.3.2 海报

海报具有广告牌的功能，但尺寸更小，允许大规模印刷，可以满足多个地点投放相同广告内容的需求，以提高品牌认知度、增强品牌意识。在市中心地区的建筑物两侧的广告立牌通常是指海报而不是广告牌。由于地处市中心，海报能经常被行人和司机看到。

6.3.3.3 数字户外媒体

数字广告牌可以实时修改广告，比较灵活。作为一种新的媒体形式，数字户外媒体表现出了令人惊叹的增长态势。与其他媒体渠道相比，数字户外媒体的饱和程度较低，也不像在线渠道一样深受广告轰炸的困扰，可以作为多渠道广告营销活动的巧妙选择。

如今，依托数字技术力量激发消费者体验、产生情感共鸣记忆以及激发购买热情是数字户外媒体广告的一大优势。以实时性和场景互动性为特征的数字户外广告传播效果尤佳。新媒体形态多样化，得益于互联网的发展，其以信息传递高效、互动性强、视觉表现丰富的优点使广告传播突破时空限制，成为当今炙手可热的广告传播方式。数字化技术之下，户外媒体广告融合线上营销，实现跨媒体融合传播模式，能够更好地满足企业和消费者的个性化营销需求。

同时，依托数字技术，户外数字媒体运营商更能打破时间维度，实现运营商与户外媒体联合实时发布广告信息，还能满足分时段、分散式、分区式等个性化联控广告投放，为企业实现各种集中或分散式的投放需求。

打造出色数字户外媒体广告的要素之一是出色的创意。我们常常发现，数字户外媒体广告过度关注技术层面，对如何恰到好处地融入创意概念却未能进行深思。技术等其他因素只是构建故事的工具，关键在于如何利用这些工具打造出真正吸引受众的生动故事。

6.3.3.4　空域造景

空域造景将媒体空间由陆上延展到空中的无垠世界，因其能够吸引受众的广泛关注，为传播和营销打开了全新篇章。随着无人机空域造景技术成熟，以天空为画布，以无人机为画笔，以历史文化、品牌故事为基础，将科技与艺术完美融合，将科技创新与品牌曝光完美融合的无人机表演，将打破传播次元的局限，实现在线上＋线下的多层次、多维度媒体整合传播。

第二部分

时尚整合传播案例

第7章 Levi's "活出趣"
本土化时尚整合传播方案

广告主（品牌）名称：Levi's

案例策划、制作单位名称：FCB 广告公司

案例实施时间：2014 年 7 月

一、实施背景

牛仔裤的"鼻祖"品牌 Levi's（李维斯），起初是为粗犷不羁的淘金工人打造，彰显着野性、叛逆的美国开拓者精神和渴望自由、独立的新生活态度，在 20 世纪 70 年代不仅是全球时尚潮流的引领者，更是率性自由的美式文化的代名词——这样一个经历了百年风雨的服装品牌，近年却因为品牌营销和数字营销的不积极，在快时尚和其他丹宁品牌的追赶下走向落寞，销售陷入低迷期，甚至在2014年一度被爆出"年轻人将Levi's剔出购物清单"的消息。

彼时，中国服装市场发展增速放缓，加之 Levi's 在中国区缺乏本土化转型，中国消费者并不接受美式文化的营销创意，虽然在中国有 500 家店，但其销售数据依然不乐观，一时间媒体舆论不断。

为改变现状，Levi's 找回曾合作了 68 年的 FCB 广告公司，在 2014年 7 月推出全球性整合传播方案 "Live in Levi's"，并励志做好中国本土化的诠释（以下关于方案的分析均仅对 Levi's 的中国本土化整合传播方案 "Live in Levi's 活出趣"）。

二、市场调研

1. 目标市场

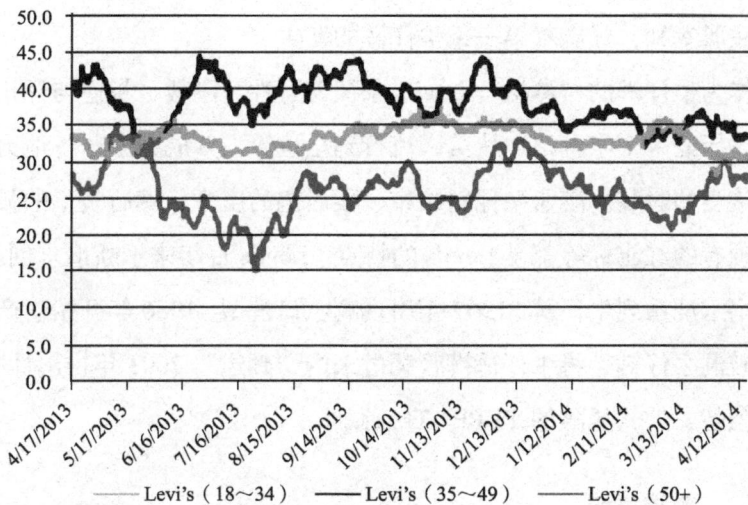

Levi's Consideration by age group: year to April 2014.

图7-1 消费者购买意愿报告

图 7-1 是 Brand Index 于 2014 年 4 月推出的 Levi's 消费者购买意愿报告，能看到，35 ～ 49 岁人群的购买意愿高于其他年龄群体，其次是 50 岁以上人群、再次是 35 以下的年轻群体，且三类人群对Levi's的购买欲望逐渐趋同。

以 STP 战略来分析，Levi's 属于产品专业型品牌，在中国的主要目标受众是一二线城市20～35岁追逐时尚、自由随性、富有个性的青年男女，消费能力高、市场潜力巨大。值得一提的是，Levi's 发现这些消费者大部分是互联网的重度用户。而 Levi's 一直以来的目标消费者刚好是目前购买意愿最低的人群，Levi's 过去充满美国文化的定位也不再适合当下中国市场的新态势，故在后续的方案中也重新对品牌进行定位。

2.品牌背景

Levi's 是著名的牛仔裤品牌，由 Levi Strauss（李维·斯特劳斯）创立。1853 年，Levi Strauss 成立了生产帆布工装裤的 Levi Strauss & Co. 公司。1873 年他与另一伙人 Jacob Davis 把他们生产的扣钮牛仔裤上所用的"撞钉"注册专利，标志着第一条牛仔裤的诞生。

作为牛仔裤的"鼻祖"，Levi's 象征着野性、刚毅、叛逆与开拓者的精神。它历经一个半世纪，从美国流行到全世界，并成为全球各地男女老少都能接受的时装。靛蓝牛仔斜纹布、腰后侧的皮章、裤后袋上的弧线、铆钉、独有的红旗标等都是 Levi's 的特点。Levi's 百年来不断追求创新，1960 年推出水洗系列牛仔裤，1967 年出现喇叭口裤型，1986 年开始生产预先穿洞的破洞牛仔裤、将牛仔裤裤管翻过来的"翻边"，2003 年推出性感新潮、剪裁独特、款式至酷的 TYPE1 TM 系列。

三、营销目标

据图 7-1 可以看出，2014 年 4 月与 2013 年 4 月同期相比，Levi's 消费者购买意愿略有下滑。

基于市场调研对 Levi's 进行 SWOT 分析，如表 7-1 所示：

表7-1　Levi's SWOT分析

优势：Levi's 品牌创立多年，是牛仔裤鼻祖，丹宁市场龙头；曾一度引领时代潮流，广为人知；有一定数量的忠诚用户，口碑良好	机会：中国持续上升的国民 GDP，90 后、00 后等年轻群体消费能力提高；数字化时代到来
缺点：因为知名度高而不积极营销，尤其是多渠道的数字化营销，导致与年轻一代脱节，出现"老龄化"问题；不重视品牌在中国的本土化	威胁：中国服装市场外贸低迷；其他丹宁品牌逐渐发展壮大，快时尚品牌更是不断"稀释"市场，其占有率不断提高

综合 OS/OW/TS/TW 和对目标消费者的分析,Levi's 的整合传播营销目标已然渐渐清晰。以 Dagmar 方法来衡量的话, 由于 Levi's 本身的品牌积淀, 中国消费者已然度过了 "认知" 和 "理解" 的阶段, 当前重要的是让目标消费者的情感附加到 Levi's 牛仔裤上, 使中国消费者建立起对 Levi's 的情感偏好, 并最终产生购买行为。想要达成这个目标, 就同样要完成 "品牌年轻化转型" 的目标。

此外, Levi's 还提出了社交账号的关注量和销售额的要求, 计划在未来几年内能够巩固品牌知名度, 保障市场占有率, 度过销售低迷期。

四、创意核心

Live in Levi's, 原意是 you wear jeans you live in Levi's, 本土化意为 "活出趣"。重新诠释了主题, 放大 "活着" 这个因素, 并更加突出 "活着中的趣味", 以 "穿上它, 活出趣" 为推广口号传达了关键利益, 充分体现了 Lev's 的年轻化趋势和自由随性的品牌形象。

五、表现形式

1. 生活片段

采用生活片段的广告创意表现方法。邀请知名演员和歌手作为代言人拍摄了两则有关生活片段的广告。

这两则广告在创意诉求上十分相似, 理性诉求都以穿着无拘无束、活动自由为中心, 体现了 Levi's 牛仔裤的产品特征诉求, 又都在广告中着重刻画了 Levi's 牛仔裤的历史悠久、工艺精细这一优势诉求;情感诉求则都以快乐、随性、自由为主, 两则广告围绕着代言人的生活片段展开, 捕捉他们生活中最自然、真实的细节, 并让他们以自述的形式分别讲述自己的经历, 由此引入演员 / 歌手都和 Levi's 做牛仔裤有相似的地方, 巧妙将广告中的要素和品牌形象联结, 显得真实而有感染力。如图 7-2, 展现生活场景，让目标消费者更有代入感。

图7-2　Levi's广告

如图 7-3，讲述自己曾经的故事，让年轻人产生共鸣。

图7-3　Levi's广告

2. 品牌形象，情感联结

两则广告在大量拍摄代言人穿着牛仔裤大幅度运动镜头，以体现 Levi's 牛仔裤产品特征诉求的同时，不断通过台词进行情感方向的输出："穿久了的牛仔裤就像身体的一部分""只要你坚持下来就一定会获得想要的""跟着别人走，不如让别人跟着你走"等，树立品牌形象并积极与消费者产生情感联结。

六、传播策略（媒介策略）

1. 全球性媒体、全国性媒体和地方性媒体结合

"活出趣" 方案采用了全球性媒体（"Live in Levi's" 数字活动平台）、全国性媒体（明星代言广告、活出趣 100 小时挑战、过年活出趣广告都在国内各大社交软件平台发布推广）和地方性媒体（11 个城市的 Levi's 新年愿望门）相结合的大众媒体。这样的选择相当合理，都达到了单个传播方案的最大范围，既有对本土化和目标消费者的针对性，同时又适当控制了预算。

2. 网络媒介与线下活动结合

Levi's 削减了原来投入最大的户外广告，广泛采用网络媒介，微博、微信、豆瓣、数字平台成为 Levi's 聆听消费者心声、推广品牌信息的首选阵地。

线上的传播渠道中，Lev's 将微博的名字改为 Levi's 中国，如图 7-4，以更好体现本土化的转型。除了自己的社交账号外，还积极运用其他网络媒体发布新闻通稿，扩大受众范围，做到了 "整合" 传播。

图7-4 Levi's微博

在 "活出趣" 方案中，基于 Levi's 本身的知名度和市场占有率，大部分广告都采用了与活动同步发布的策略，与相关营销活动密切配合，直接

促使消费者采取行动，这一行为也获得了不错的收益。"过年＃活出趣＃"的方案就与线下活动同步进行，上线仅一天就被领取了近万份微信优惠券，优惠券最高单店使用率达到 57%，最高店铺同比增长 270%，两周内线上线下共有超过 15 万消费者参与互动。

3.单向和双向传播相结合

在营销工具的选择和整合上，"活出趣"方案使用了单向和双向传播相结合营销工具，例如过年"活出趣"的部分就是典型的双向传播：靠节日事件借势营销，做出有传播力的创意营销来强化 Levi's 潮牌形象，并提升新年单品曝光度和知名度，吸引流量到 Levi's 线上线下店铺，促进销售。Levi's 巧妙地找到了春节期间品牌和年轻人的关联点：Levi's 创造了一个 Html5 的手机互动浏览活动，通过对比一系列小时候过年的快乐场景与现在过年的无奈场景，以引发年轻人的共鸣，同时启迪他们去寻找最简单的快乐。

单向传播则是这个活动同步联动的线下店的新年愿望门：参与者只需触摸愿望门上的感应区，选择"趣旅行""趣探险"等新年愿望，愿望门就会自动打开，通过 Kinect 技术不仅能让消费者真实感觉自己置身于不同的愿望场景中，还能进行游戏、拍照等一系列人机互动行为。最后，更有机会凭照片前往商场里的 Levi's 门店消费获赠的 200 元 Levi's 优惠券、领取牛仔笔袋等新年礼物。

七、整体预算

整个整合传播方案的预算中，占比最大的就是广告费和代言费，其次是线上的网站开发费、维护费，线下门店配备 Kinect 设备和技术的 Levi's 新年愿望门。

八、效果评估

自"活出趣"项目上线以来，官方微信粉丝数量增长了超过 10 倍；"活出趣"在新浪微博有超过 9 万条话题，超过 2 亿的阅读量；"活出趣"视频在李维斯官方网站以及社交媒体有近 200 万播放量；"活出趣"也带动了销量，2014 年、2015 年的销量都有稳步的提升。与此同时，据 Levi's 大中华区销售总监陈祖贻说，来 Levi's 店铺中的前卫的年轻人大增。总体来讲，Levi's 活出趣的时尚整合传播方案获得了不错的效果。

第8章　斯凯奇携手快看漫画打造 IP 爆点营销传播方案

广告主（品牌）名称：斯凯奇、快看漫画

案例策划、制作单位名称：斯凯奇、快看漫画

案例实施时间：2019 年 9 月

一、实施背景

斯凯奇 1925 年诞生在美国加州，SKECHERS 源自南加州俚语，代表"坐不住的年轻人"，代表的消费群体是追求时尚、个性张扬的年轻群体。其较常用的营销方式大都选择年轻人喜闻乐见的形式，例如作为偶像节目《偶像练习生》和《创造营 2019》的赞助商，为选手打造训练服，这是其较经典的营销方式和之前其热度居高不下的原因；此外，斯凯奇品牌代言人、品牌大使等的选择都以年轻偶像为主等，这些营销手段符合其品牌理念，接近年轻消费群体和市场。

秉持接近年轻群体的目的和理念，斯凯奇在其 Energy 系列 20 周年庆的节点上，选择了年轻人喜爱的二次元漫画市场作为突破点，与国漫顶级 IP 合作，以快看漫画为核心阵地，同时通过线下大事件、二次元广告、社区手绘活动等环节进行整合营销，引发年轻群体的情感和文化共鸣，成功将平台粉丝转化为实际购买力，达到广覆盖、大曝光、强共鸣、深互动、有效导流的营销效果。

二、市场调研

1. 目标市场

斯凯奇将此次营销的受众定为 18～25 岁、具有一定购买力的年轻女性。这个年龄段的女性追求较精致、自由的生活方式，追求时尚。国漫 IP 对她们更是有着强烈的情感吸引力和文化影响力，她们的日常就是在漫画底部及漫画社区内大篇幅探讨剧情和自身感受。因此，国漫 IP 成为品牌影响受众的高效入口。

她们在故事里和主角一起经历成长、爱其所爱。虽然她们也有烦恼，但最终会突破局限，认可自我价值。对国漫 IP 忠诚度较高，会因此产生购买动机，同时也可满足她们的情感需求。

2. 品牌背景

斯凯奇 1992 年诞生在加州的一个小海滨城市，从一个风格单一的小公司发展成为全球最受欢迎鞋类产品的品牌之一。斯凯奇公司屡获殊荣，现在在美国市场是仅次于耐克的第二大鞋类品牌。

作为一个全球性品牌，斯凯奇直营销售网络遍及加拿大、英国等十几个国家。斯凯奇的直营业务由欧洲运作，同时公司还通过 30 多个分销商在全球 100 多个国家和地区销售其产品。如今，斯凯奇不仅在全美拥有 25000 余个销售点，其销售网络更已遍布全球 50 多个国家，在澳大利亚、英国、法国、新西兰、新加坡、日本、西班牙……都可看到斯凯奇的时尚足迹。

三、营销目标

基于市场调研对斯凯奇现状进行 SWOT 分析，结果如表 8-1 所示。

斯凯奇品牌重点宣传旗下 GO WALK 和 D'lite 系列，而 ENERGY 系列 1999 年首次推出，销量较好，但之后便没再推出新产品系列，直到 2019

年才再度回归。

表8-1 斯凯奇SWOT分析

优势：定位与产品差异化优势。斯凯奇鞋履定位主打舒适，与其他运动品牌差异大；中国Z世代是一大消费主力人群，也是比较年轻的群体，对于斯凯奇来说，这是一大优势，意味着市场广阔。同时，它并不是单一地发展某一群体，其市场年龄层覆盖较其竞争对手来说更宽广；斯凯奇打造以家庭为核心的系列，发展更宽广	劣势：斯凯奇一部分鞋子存在质量问题，应在产品本身质量上严格把控，提升品牌形象；斯凯奇网店营销各种漏洞，引起消费者对其的诟病多等，需加强品牌自身管理
机会：新疆棉事件的洗礼让消费者对其竞争品牌印象大为改观，而斯凯奇在此次事件中处理得当，消费者对其好感增强，这是其在中国市场上是一大机遇	威胁：国潮热的冲击。中国元素、国潮风近两年来愈受欢迎，其中在年轻群体中掀起的国潮风更大，对于斯凯奇等外来品牌冲击大；同时，鞋履行业竞争大，市场趋于饱和；同类竞争品牌市场占比大

因此，此次营销目标便要提升这个系列在18～25岁女性之间的知名度和曝光度，同时引发年轻群体的情感和文化共鸣，成功将平台粉丝转化为实际购买力，从而促进其销售。

四、创意核心

斯凯奇联合快看漫画，集结七部热门国漫IP女主角首次成团，用她们的故事和态度"释我能量"，展现每个人专属的ENERGY女子力，从而引发粉丝的情感和文化共鸣。

五、表现形式

通过漫画小剧场的形式表现广告信息，如图8-1所示。

图8-1　快看漫画小剧场

　　小剧场内容为七部热门国漫IP女主角为斯凯奇ENERGY女子力发声。以原漫画故事为基础、年轻女性力量为核心，产品从多重角度切入，秀出她们的女子力。相比于产品的简单植入，斯凯奇与IP进行联动，细腻入微地以陪伴者的身份进入剧情中，引发二次元粉丝广泛共鸣，可提升品牌好感度并导流电商销售。

六、传播策略（媒介策略）

　　采用网络媒介与线下活动结合的传播策略。以快看站内为核心阵地，二次元代言广告＋漫画小剧场＋大型社区活动＋KOL组合推广影响核心IP粉丝，最终助ENERGY少女团成团官宣，社交媒体扩散传播引发更多人关注。

　　线上主要以快看漫画为核心媒介，发布漫画内容。打造IP爆点、创立社区话题、粉丝互动（图8-2）。号召全站粉丝以多种形式晒出自己认可的女子力，从而赢得年轻人的共鸣和认可。活动引导用户进行二次内容传播，辐射更多圈层，在深度互动的沟通中诠释品牌理念。同时合作画师KOL积极扩散，大批粉丝晒图发帖，共收获近6000份斯凯奇手绘IP同人作品，全平台为斯凯奇女子力打 CALL。

图8-2　快看漫画粉丝互动

在微博侧重代言人相关，活动预告，发布抽奖，品牌宣传等；微信公众号进行新产品预告推送；小红书的宣传倾向于了解产品详情，大V宣传种草；官方账号种草宣传及周边抽奖。

线下开设快闪店进行形象宣传和阅读（图8-3）。

图8-3　快看漫画快闪店

七、整体预算

整体预算中，占比最大为二次元广告代言费，推广费，其次为线下快闪店的场地租金，配套设备技术费用。

八、效果评估

全网传播发声引发大量 IP 粉丝和外围年轻群体关注，话题引导用户自发生产内容，并进行多次传播，辐射更多圈层，引发受众与品牌深度互动沟通。同时有效进行天猫旗舰店的导流，活动期间到店人数达 197 万，1.1 万收藏，6000+ 加购，3000+ 购买。

从这个数据看，本次合作让斯凯奇成功触及二次元消费群体，有效拓展新的女性用户，将平台粉丝转化为实际购买力，帮助品牌实现年轻化营销。

第 9 章　U bras "小凉风" 传播方案

广告主（品牌）名称：U bras
案例策划、制作单位名称：U bras
案例实施时间：2021 年 5 月

一、实施背景

根据 CBN Data 数据显示，伴随社会经济的发展和女性地位的提升，越来越多的女性开始抛弃以男性为中心的传统思维框架，转而追求自己的身心愉悦。而在内衣上的体现就是逐渐从功能型向舒适型的需求转变（图 9-1）。

早期，市场主要流行"有钢圈内衣"，它的出现主要是服务于丰乳肥臀的社会审美。因此，带有聚拢、提升效果的功能性文胸大受追捧。虽然钢圈罩杯能极大程度提升女性的曲线美，但由于钢圈等材质硬度较高，加之文胸聚拢提升效果对于胸部的挤压，长时间穿着很容易对女性胸部造成压迫和勒痕，严重者还会带来乳腺疾病的隐患。所以，随着女性权利意识的崛起，许多国家都开始掀起无钢圈运动，号召解放胸部，追求舒适。

近年来，消费市场发生了变化，Z 世代扛起了消费主力军的大旗。"无钢圈运动"追求的是突破与解放，新时代女性甚至 Z 世代消费者，她们需要的是零束缚和极限的自由。

在价值观上，她们希望无拘无束，表达自己最真实的感受；在内衣上，年轻消费者需要的是一款更能放飞自我的内衣产品。无钢圈内衣虽然去掉了令人难受的钢圈，但还保留了较为坚挺的杯模，在保障功能性的同时提升了使用感。

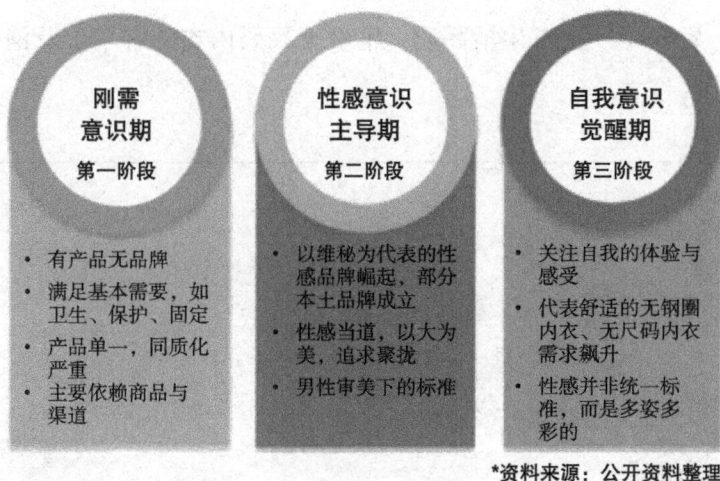

刚需 意识期 第一阶段	性感意识 主导期 第二阶段	自我意识 觉醒期 第三阶段
• 有产品无品牌 • 满足基本需要，如卫生、保护、固定 • 产品单一，同质化严重 • 主要依赖商品与渠道	• 以维秘为代表的性感品牌崛起，部分本土品牌成立 • 性感当道，以大为美，追求聚拢 • 男性审美下的标准	• 关注自我的体验与感受 • 代表舒适的无钢圈内衣、无尺码内衣需求飙升 • 性感并非统一标准，而是多姿多彩的

*资料来源：公开资料整理

图9-1 中国文胸品类发展三个时期

二、市场调研

1. 目标市场

根据CBN Data数据显示，无尺码内衣崛起背后主要有五大核心人群：年轻妈妈、Z世代、小镇青年、新锐白领、资深中产，如图 9-2 所示。

完成人生阶段转变的年轻妈妈，"悦己"心智进一步进阶，她们更关注文胸的无痕及舒适性，简约风格的文胸更受到年轻妈妈偏爱。时尚的Z世代在选购文胸时更看重颜值，追求个性时尚的她们不再只追求性感，而希望文胸更具有"显胸小"功能，高颜值、有个性的无尺码内衣设计款、无尺码内衣礼盒受到Z世代青睐。小镇青年更关注文胸的功能属性，聚拢、防下垂等功能受到小镇青年偏好；追求性价比的小镇青年相比集中在一、二线城市的 Z 世代更偏好在直播时下单。都市女性追求个性解放，更关注生活品质，会选择一些性感或者网红款的文胸，蕾丝与花边中的小心机，明星同款的小确幸，都是都市生活中不可缺少的一部分。资深中产偏好背心式文胸，自律精致的她们更希望文胸具有美背、运动等功能；资深中产追求生活品质，消费无尺码内衣的客单价及消费频次较其他人群更高。

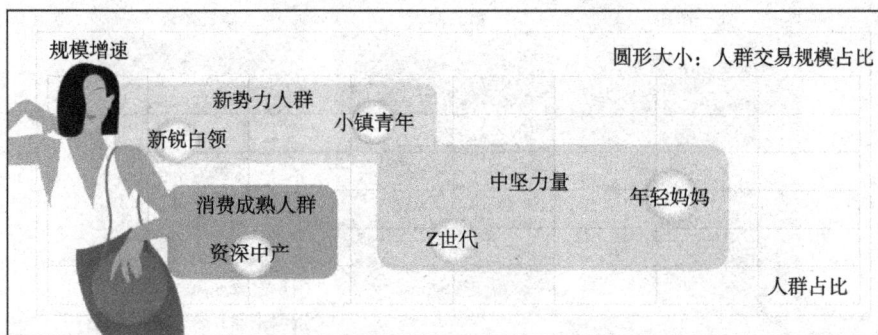

图9-2　2020年无尺码内衣五类人群占比及成交规模增速

2. 品牌背景

随着悦己的需求不断深化，文胸市场迎来了"无尺码"革新。女性自我意识的崛起之下，代表舒适、自由的无钢圈内衣与无尺码内衣快速增长。尤其是 2018 年开始，U bras 作为无尺码内衣的开创者，带动了一场"无尺码"革新。

U bras 意识到材料和体验舒适度将成为内衣的下一步迭代方向，而市面上却少有符合这类需求的产品。在洞察到这个品类机会后，U bras 以解放女性乳房为切入点，推出了无钢圈内衣的升级版——无尺码内衣（图9-3），创造了一个全新的品类。无尺码内衣的诞生，主要解决了两大市场难题，一是简化了文胸选购流程，解决了消费者痛点。二是迎合了新一代用户的核心诉求。

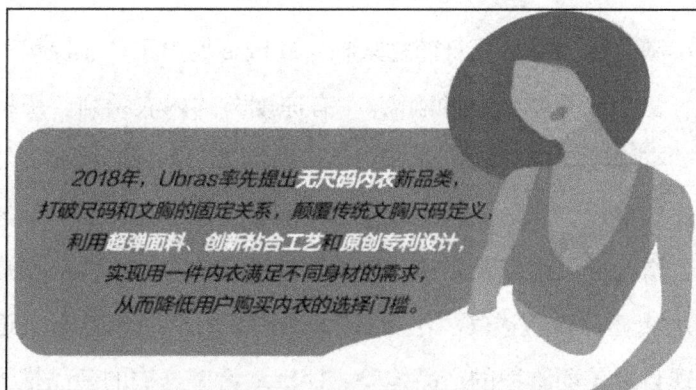

图9-3　无尺码内衣相关介绍

凭借无尺码内衣，U bras 一举抢占整个内衣市场，更在中国内衣界掀起了一场革命，不少新老品牌都开始纷纷效仿并推出自己的无尺码内衣。根据 CBN Data 数据显示，U bras 成立仅 4 年销售额就突破 10 亿元大关，内衣销量排名更是名列全网第一，远超老牌内衣品牌都市丽人、曼妮芬、爱慕等，更将知名新秀品牌内外、蕉内等甩在身后（图 9-4）。

排名	2019 年双 11	2020 年双 11(截至 11 月 1 日)
1	南极人	Ubras
2	优衣库	Bananain 蕉内
3	恒源祥	优衣库
4	曼妮芬	南极人
5	猫人	曼妮芬
6	芬腾	芬腾
7	浪莎	猫人
8	Bananain 蕉内	恒源祥
9	三枪	Gukoo 果壳
10	歌瑞尔	红豆

图9-4　2019—2020天猫双11内衣销售榜

三、营销目标

农历小满之后，炎炎夏日随之来临，U bras 推出了"小凉风"系列无尺码内衣，戳中了夏季女性的刚需。"有凉度"的内衣系列，用特殊的方式演绎着"有温度"产品的追求。U bras"小凉风"系列通过将天然生物的高导热低比热材质，均匀嵌入纤维之中，能够快速散热，具备优异的接触冰凉特性，搭配面料组织及染整，持续保持凉感体验；在产品设计上，通过可拆卸水滴杯，打造透气"小凉杯"，给广大女性带来穿着更透气、不闷热、呈现自然美丽胸型的产品体验。U bras 希望这次的新品推出可以增加品牌的营业额，加强品牌的知名度和品质认知度。

四、创意核心

夏天的身体需要什么？凉。贴身的凉，呼吸的凉，自在的凉，轻盈的凉，舒服的凉。创新凉感纱面料，顺感凉爽。"小凉风"内衣，舒凉一夏。

五、表现形式

U bras 采用组合式的广告表现形式。运用微博话题关于夏天穿内衣的痛点的生活片段的讨论进行预热，把 U bras "小凉风"与其他内衣进行对比，突出产品卖点；通过 KOL 和直播带货的形式直接销售，宣传产品面料工艺及设计。

六、传播策略（媒介策略）

1. 微博话题预热

5 月初，一个关于 # 你为什么不喜欢夏天 # 的话题登上微博热搜（图 9-5），网友们就此展开了一场关于夏天的讨论。5 月 17 日，品牌话题 # 夏天的身体需要什么 # 在微博上获得广泛讨论。作为这一热点话题的

"始作俑者",U bras 掀起的这场声势浩大的关于"凉"的大讨论,背后是对广大女性夏天穿内衣痛点的有力回击。而在 U bras 打造的"小凉风"品牌 TVC 中更将女性所渴望夏天的"凉"进行了立体的展现,像风吹过海浪一样的面料之美倾泻而出,把 U bras 创新科技凉感呈现得淋漓尽致。

图9-5 U bras微博话题

2. KOL 带货宣传

对愿意为偶像及其代言产品买单的 Z 世代粉丝而言,偶像无疑有着强大的情感认同和号召力。因此,U bras 在这波"小凉风"新品传播中,集结了欧阳娜娜作为品牌代言人,与人气一路飙升的流量小花徐璐、宋妍霏组成"小凉风"明星团,在微博、小红书平台做测评好物分享。让明星成为品牌媒介,实现"明星 + 品牌 + 粉丝"的声量共振。

同时,U bras "小凉风"新品推广以官方微博平台的热度为中心点,联动了微博 KOL 及蓝 V 大号,从多维度实现 # 夏天的身体需要什么 # 话题的辐射扩散以及"小凉风"新品的传播种草。多位小红书头部 KOL 也加入了对 U bras "小凉风"新品的种草阵营,助推 U bras "小凉风"实现多维度种草布局、跨圈层式沟通,保证流量的同时扩大品牌的圈层能见度,助阵"小凉风"新品突破圈层壁垒挖掘潜质用户(图 9-6)。

图9-6　微博热议

3. 全域覆盖实现传播升级，助力传播扩散

U bras跨界与夏天的好朋友RIO锐澳鸡尾酒、乐纯、JISULIFE 几素等品牌进行了蓝V联动。"小凉风"搭配水分力，"小凉风"搭配微醺小酒……打造了一场关于#夏天的身体需要什么#的"凉"感互动（图9-7）。

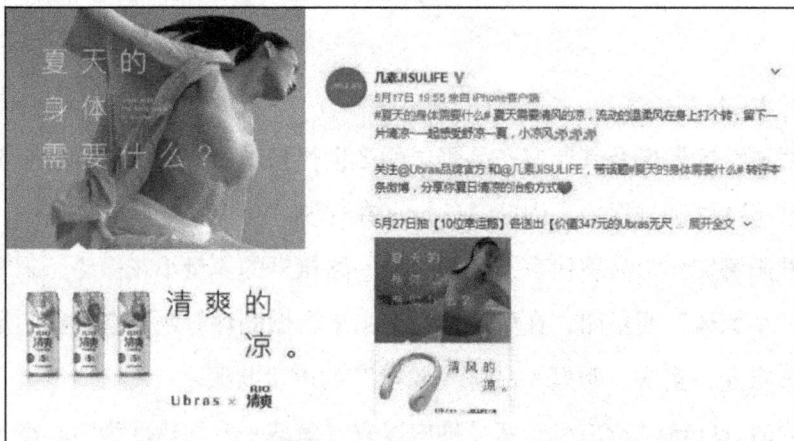

图9-7　U bras跨界联动

4. 运用户外广告媒介进行线下投放

线下重仓加码分众电梯媒体，借夏季来临、"小凉风"新品重磅推出的关键契机，携手欧阳娜娜刷屏全国各地的分众电梯媒体，在消费者每天

必经的公寓楼、写字楼电梯间，持续不断地进行品牌宣传和"新品种草"，让 U bras 在顾客心智中形成长久"注册"（图 9-8）。

图9-8 电梯广告

5. 直播带货

U bras 在接力红人种草聚合大批流量的基础上，U bras "小凉风" 迅速站上电商直播优势风口，这让品牌声量持续发酵，以及后续产品的转化，变成一股营销合力。实现从种草到拔草的路径转化，实现了从"营"到"销"的转化，打造了品效合一的营销闭环。

七、整体预算

整体预算包括利用网络渠道宣传，微博、微信、客户端、搜索引擎等的投放；全国线下分众电梯媒体。

八、效果评估

5月17日，品牌话题 # 夏天的身体需要什么 # 在微博热搜上至今阅读高达1亿+，讨论6.1万；微博话题指数破亿。U bras 围绕夏日关键词"凉"

拍摄的一支美学大片，上线后收获 264 万次观看，不仅引发了众多明星达人的热议，还迅速登上微博热搜，获得了全网超 1 亿的阅读关注。自上新以来至 2021 年 6 月 4 日，"小凉风"系列淘宝总计销量为 543297 件，营业额约为 8600 万元。

第 10 章　李宁"悟道"整合传播方案

广告主（品牌）名称：李宁

案例策划、制作单位名称：李宁

案例实施时间：2018 年

一、实施背景

2012 年，国内运动品牌的红利年代逐渐逝去。随着耐克、阿迪达斯等国际品牌的引进，国人的审美有了更大的颠覆。加之 Z 世代消费群体逐渐崛起，对于潮流有了新的追求。从那以后，李宁、安踏、特步等国产运动品牌似乎成了"笨"和"丑"的代名词，国民品牌的光环不再，李宁在内外激烈竞争中开始走上了一条坎坷路。另外，错误的市场评估，导致了大范围、长时间的货物堆囤。李宁却迟迟没有转型，连续三年面临亏损。不少店铺在那三年里倒闭，扩展海外战略也不得不暂时放缓。2015 年李宁回归后，开始大量调研年轻消费群体，致力于品牌的年轻化、潮流化。

二、市场调研

1. 目标市场

根据 POP 时尚网络关于 Z 世代的调查数据显示，Z 世代（图 10-1）是近两年被提及最广的人群，也是目前消费市场的主力军。"00 后"的成长与中国入世、北京申奥、载人航天等多个重要事件重叠，他们见证了国家经济腾飞、文化自信提升和科技不断发展，他们拥有更高的文化认同感和自豪感。国潮带着传统文化复兴的使命，在中国年轻人当中产生了巨大的穿透力。据有关数据显示，国潮来袭带动国货逆袭，48%的00后用户会优先选择国货，这就给以李宁为代表的国货品牌提供了发展的土壤。

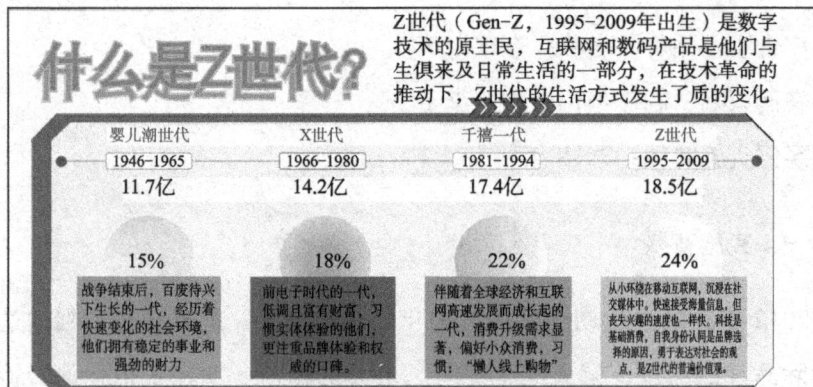

图10-1　Z世代

图10-2　人物画像

图10-3　圈层文化

Z世代对新事物的接受程度快，勇于表达自己的观点，对潮流有自己独特的追求并且热爱中国文化（图10-2、图10-3）。

据POP时尚网络调查，Z世代对时尚品牌分类以及购买频率如图10-4所示。

由图可知，Z世代对潮牌、国民品牌、运动品牌的购买频次最高。这也为李宁的转型提供了良好的市场环境。

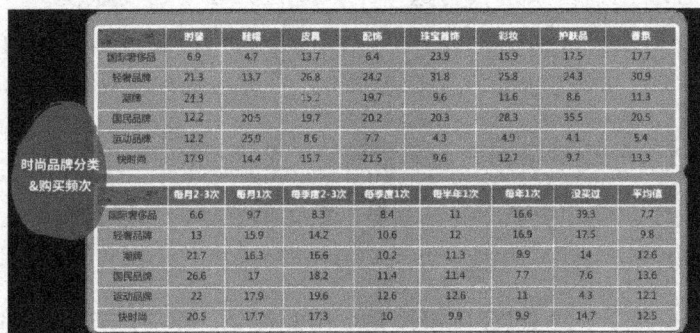

时尚品牌分类&购买频次	时装	鞋帽	皮具	配饰	珠宝首饰	彩妆	护肤品	香氛
国际奢侈品	6.9	4.7	13.7	8.4	23.9	15.9	17.5	17.7
轻奢品牌	21.3	13.7	26.8	24.2	31.8	25.5	24.3	30.9
潮牌	24.3		15.2	19.7	9.6	11.6	8.6	11.3
国民品牌	12.2	20.5	19.7	20.2	20.3	28.3	35.5	20.5
运动品牌	12.2	25.9	8.6	7.7	4.3	4.9	4.1	5.4
快时尚	17.9	14.4	15.7	19.6	9.6	12.7	9.7	13.3

	每月2~3次	每月1次	每季度2~3次	每季度1次	每半年1次	每年1次	没买过	平均值
国际奢侈品	6.6	9.7	8.3	8.4	11	16.6	39.3	7.7
轻奢品牌	13	15.9	14.2	10.6	12	16.9	17.5	9.8
潮牌	21.7	16.3	16.6	10.2	11.3	9.9	14	12.6
国民品牌	26.6	17	18.2	11.4	11.4	7.7	7.6	13.6
运动品牌	22	17.9	19.6	12.6	12.6	11	4.3	12.1
快时尚	20.5	17.7	17.3	10	9.9	9.9	14.7	12.5

图10-4 Z世代对时尚品牌分类以及购买频率

2. 品牌背景

根据开源证券数据显示（图 10-5），1990 ～ 2010 年，中国运动品行业兴起，李宁迅速崛起为行业龙头公司。

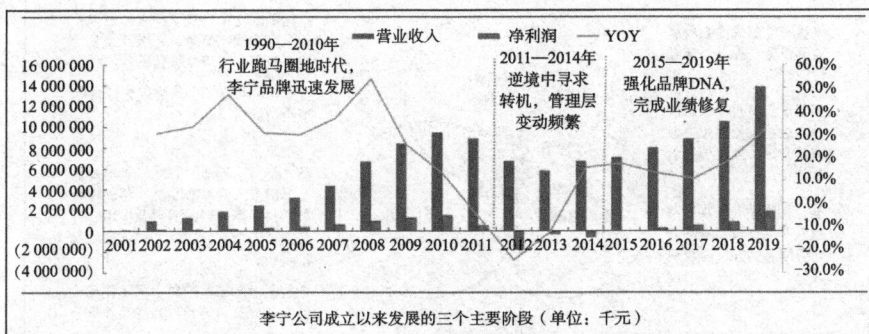

李宁公司成立以来发展的三个主要阶段（单位：千元）

图10-5 李宁公司成立以来的三个发展阶段

2008 年北京奥运会使公司年增长率达到顶峰，但随着激烈的行业竞争、营销渠道的过度扩张以及销售渠道过量库存，李宁不得不面对至暗时刻。

2012 年 7 月，公司公布了非常大胆的变革计划，引入国际消费行业中的专业管理团队，大力度清理库存，改善供应链、产品组合和市场营销管理，合理化销售渠道，打造一个以零售为导向的商业模式。然而这一系列品牌、渠道的改革探索——"品牌重塑"计划，伴随着提价失败而告终。

自 2015 年李宁先生回归公司管理后，公司进行了一系列对库存、渠道的整改工作。2017 年第三季度开始，李宁的业绩持续保持增长，盈利表现不断改善。

图 10-6 为李宁的 DTC 零售体系。由此可见，李宁的产品端将聚焦于功能性运动品牌，并把握国潮趋势，深挖中国文化和流行文化元素，传递独特的品牌价值。

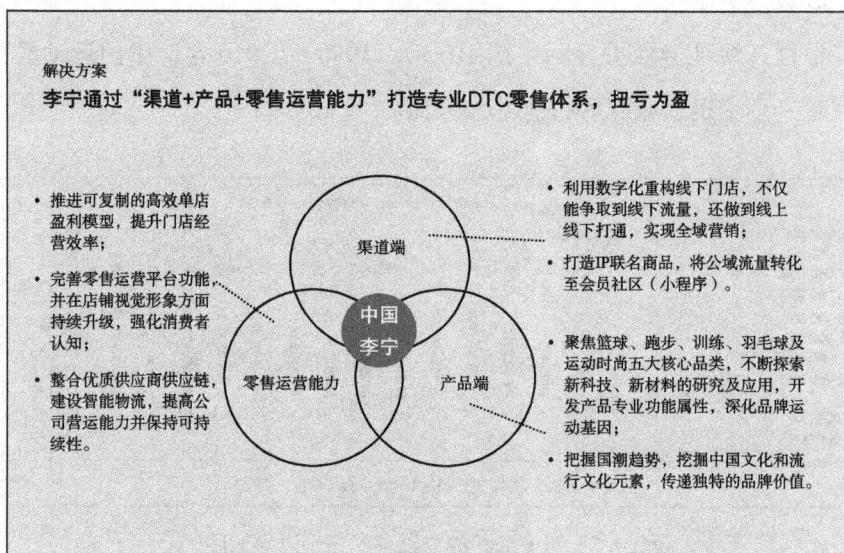

图10-6　李宁DTC零售体系

三、营销目标

基于前期市场调查对李宁品牌做 SWOT 分析如表 10-1 所示。

表10-1　李宁SWOT分析

优势：以国产品牌激发大家的民族情怀，创新后的产品以国货为基点进入大众视野	机会：国潮刚刚兴起，国内竞争压力小；Z世代消费群体对国潮接受程度高
缺点：市场细分和功能专业化不够；实际消费群体与目标群体差距较大，且实际消费群体年龄较大；产品档次不够，产品消费主要集中在二、三级城市，在一类城市增长缓慢；在于国际竞争者的正面竞争中，竞争力度不够	威胁：不是行业的绝对领先者；行业竞争加剧，高端受阻于国际品牌，低端受阻于国内品牌；消费者偏好国际品牌；发展能力问题

由朴实运动风转向时尚潮牌，通过品质、设计和创新提高竞争力；吸引年轻消费群体，提高知名度；使品牌更具有丰富的内涵，能够让消费者产生心理共鸣，从而提升品牌的形象和实力。

四、创意核心

复古 & 创新；传统 & 潮流，碰撞出富有中华文化的潮流——国潮。

五、表现形式

参加纽约时装周，诠释中国李宁对运动潮流的理解。

纽约时间2018年2月7日上午，2018纽约秋冬时装周上，中国李宁与天猫的强强联手，赋能China Day的舞台，向世界展示中国李宁原创态度和潮流影响力。这也是中国运动品牌第一次站在国际舞台上向全球时尚界展示其特有的文化元素与设计理念（图10-7）。

本次纽约时装周大秀中，作为第一个亮相纽约时装周的国人运动品牌，中国李宁将经典的运动风格与传统中国文化碰撞，以"悟道"为主题，传递国人"自省、自悟、自创"的精神内涵。这场秀分为上下两场，上半场为"心之悟"，下半场为"型之悟"。"悟道"是李宁备受推崇的一个产品系列，此次以"悟道"为主题，也是要用开放且融合的理念，在世界顶级秀场中展现运动生命力与传统中国文化碰撞而成的时代火花，诠释中国李宁对运动潮流的理解。

图10-7　李宁×纽约时装周

李宁将品牌的颜色和历史，以年轻人的视角呈现给了国际的观众。结合当下最流行的服装趋势，不规则的剪裁、PVC长款羽绒，以及融合了赛博朋克感的机能风，简直天秀。色彩方面，红黑白黄的组合充满浓厚的中国风味，复古而不老气。另外，方形印章般的中国李宁四个字铿锵有力，三段式悟道鞋后来也成了爆款（图10-8）。

图10-8　李宁服饰

用运动的视角表达对中国传统文化和现代潮流时尚的理解，完美演绎了90年代复古、现代实用街头主义以及未来运动趋势三大潮流方向，向全世界展现了中国李宁的原创态度。

六、传播策略（媒介策略）

1. 网络媒体报道

李宁参加纽约时装周后，各大网络媒体均对其做了追踪报道，微博相关时尚博主也讨论热烈，受到国内网友广泛关注（图10-9）。

图10-9　网络媒体报道

2.线下体验店

2018年5月21日，李宁公司与上海百联集团共同开发的李宁品牌体验店亮相"世博源"（见图10-10）。这家1000平方米的门店是上海甚至华东地域最大的体验店，店内涵盖了李宁旗下一切的产品及系列，并采取"店中店"形式，店内另辟200平方米韦德专门店，销售韦德鞋产品及服装，包、帽子等配件产品，满足韦德球迷所需。

图10-10 李宁体验店

与通常门店更具特点的是，这里还供给一对一铁笼篮球区域、专业的跑姿测试装备、体成分测试仪、I Run跑步俱乐部，并有专业顾问给消费者提出建议。

李宁公司董事长李宁强调，公司努力于从传统零售商转型为专业零售商，消费体验变得越来越重要，消费者直接决定了其会不会买单。

在上海这家活动体验店中，李宁初步树立了线上线下库存一体化平台，店内下单、平台调货、快递上门。根据计划，6月份，全国700家李宁门店都将完成线上线下商品联通，开放货物资本。

七、整体预算

整体预算中，占比最大为服装设计费用，广告宣传费用；其次为线下体验店的场地租金，配套设备技术费用。

八、效果评估

根据李宁最新财报，2018 年上半年营收 62.55 亿元人民币，同比增长 32.7%；净利润 7.95 亿元人民币，同比增长 196%；扣除一次性与经营无关的损失后净利润为 5.61 亿元人民币，同比增长 109%；毛利率扩张 1 个百分点。其中，运动时尚品类是李宁业绩增长的最大功臣，流水增速高达 54%，占比达到 29%，曾接连登上海外时装周的中国李宁系列销售额约占据运动时尚品类的 10%。

在消费者眼中，李宁品牌不再等同于"土味""便宜"的运动服，新亮相的单品不但成为各路明星的街拍利器，更让普通消费者心痒难耐，甚至找起了代购。"国潮李宁"成功在年轻消费者心中留下了深刻印象。

第 11 章　MAC ＆ 王者荣耀 IP 跨界营销方案

广告主（品牌）名称：MAC

案例策划、制作单位名称：MAC、王者荣耀

案例实施时间：2019 年 1 月

一、实施背景

受惠于智能手机普及率的持续快速增长，中国的网上和移动端奢侈时尚消费已呈爆炸增长之势。45% 的受访者表示，他们的奢侈时尚品牌大多是通过网络渠道购买的。其中，微信成为国内移动互联网最大的流量入口。据麦肯锡的一项研究报告显示，受调查研究的微信用户中，有31%的人使用微信购物，报告还指出，占总消费25% ～ 30% 的服装和美妆的消费大多属于冲动消费。

据 L2 最近发布的一份报告显示，2020 年中国将成为全球最大美容产品市场，值得注意的是，中国消费者越来越倾向于在网上购物，因此传统护肤品和彩妆品的销售也更注重电商渠道的发展，L2 公司亚太区研究分部总监Danielle Bailey指出，化妆品是中国在线购物最受欢迎的品类之一，在过去五年里，化妆品的在线销售增长惊人。

这些数据意味着，消费者在购买美妆产品的时候更容易受到营销方式的影响。因此，跨界营销不仅要洞察找准合适的品牌，还要有针对性的营销方式，特别是本土性较为明显的中国市场，才能打出一套从蓄能到转化的品效合一组合拳。

二、市场调研

1. 目标市场

MAC 的主要消费群体为 20 ～ 25 岁的年轻女性。这部分人群消费意识较强，容易被一些宣传广告或是落地活动种草。她们正当妙龄，追求时尚潮流，热衷于打扮自己，对新鲜事物充满新鲜感，接受能力强。并且此时她们对化妆品有较稳定的意识，对于在大学和初入社会的她们来说，一款好用且价位适中的化妆品会深受她们的喜爱。这类消费者的日常消费习惯、媒体使用习惯和喜爱的色彩也都趋同。

由于受教育程度和日常生活习惯，这类群体日常手机不离身，出门购物次数多，选择的交通工具大多是地铁和公交。因此，她们接触的主要途径是手机移动端 app、户外广告以及专柜活动。

2. 品牌背景

MAC 是备受女性追捧的彩妆品牌之一，说是每个女生"人手一只"的口红也毫不夸张。

《王者荣耀》则是当下热门游戏 IP，居手游类 app 首位，实力相当是合作的前提。另外，MAC 和《王者荣耀》的用户群体较契合。2018 年《王者荣耀》季观赛报告表示，观众的男女比例大约为 3.7 ∶ 6.4，女性几乎达到男性的两倍，且大学生、年轻人在其中的比例很高。另外，根据 2017 年的数据，《王者荣耀》的女性玩家已高达 1.08 亿，占用户总数的 54.1%，比男性用户数量还高，是中国游戏史上第一款女性玩家破亿的 MOBA 手游。而 MAC 同样面对 18 ～ 24 岁的年轻用户，尤其以女性为主。MAC 和《王者荣耀》具有资源可共享性。

MAC 中国市场总监翁艳玲表示，品牌首先观察到一些网友自发在网上给《王者荣耀》里的人物搭配合适的唇色时不断提及 MAC 品牌。MAC 观察到这一契机，王者荣耀的唇色与 MAC 口红是能产生联系的，并且口红色号与风格各异的游戏人物的性格和特征也能相互匹配。

《王者荣耀》选择多位高流量明星组合代言，同时将玩家与代言人身份绑定。其明星组合受众多为女性，借此带动游戏的女性用户增长。

MAC 与《王者荣耀》的合作基础在于，《王者荣耀》有大量的年轻用户，与 MAC 的用户群体较为契合。而 MAC 同样面对 20 ～ 25 岁的用户。之所以选择口红，是因为该品类在中国本土市场更容易被大众接受。而且口红跟游戏人物的性格、特征更容易匹配，实现品牌调性、游戏精髓的真实还原。

三、营销目标

点燃社交媒体用户和消费者的热情，从而转化为消费力。手游爱好者们在玩的过程中，自发进行内容生产，创作出了一套男性角色的海报，唇色与女版英雄的色号相对应，通过再创作和二次传播，进一步将 IP 营销扩大成话题性热点事件。

在本季推广中，MAC 希望继续强化品牌的自我个性和年轻形象，带动更多年轻的受众群体。MAC 的主要用户为年轻女性，在口红市场不断扩大的形势下，MAC 又开拓出男性受众群：替女友买口红。《王者荣耀》则是一款男女通吃的手游，其皮肤的可爱及上手的难易程度，导致大批玩家纷纷涌入，这样一来给"喜欢玩《王者荣耀》的她"送一支"联名 MAC 口红"便成了满分答卷。

四、创意核心

除了与《王者荣耀》联名外，还与火箭少女101的5位女团成员合作，用联名口红色号模仿游戏形象。

五、表现形式

1. 彩妆与游戏的跨界联名

MAC以花木兰、公孙离、貂蝉、大乔和露娜5位女英雄形象为主题，推出了5款联名口红（图11-1），联名款口红从颜色选择到外包装设计都进行主题定制，这是与王者荣耀产品本身深度联系的。并且，在传播口号中，MAC融合了游戏社交文化元素，创造出了"吻住，我们能赢"谐音梗文案。在传播活动中，MAC也选用了cosplay、现场游戏开黑、VR游戏互动等手段，两者跨界，实现了内容的深度输出。

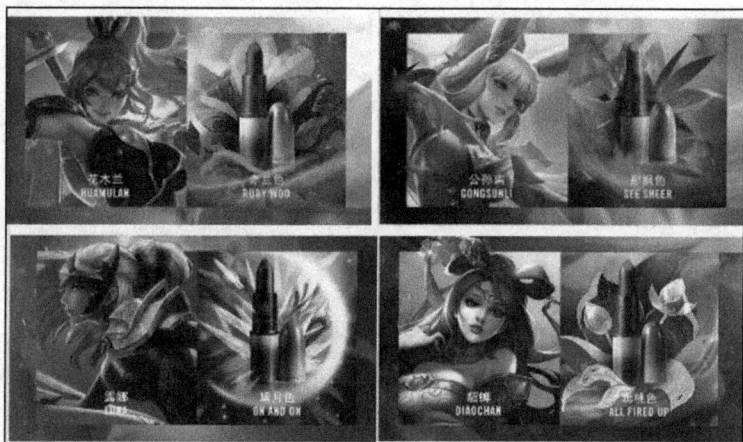

图11-1　MAC&《王者荣耀》

2. 明星KOL流量效应

除了《王者荣耀》外，MAC借助腾讯综艺IP火箭少女101的5位美少女扩大影响力，由她们演绎游戏中的二次元女英雄，并搭配上不同色号的联名口红产品（图11-2）。由此所形成的强大粉丝叠加效应，让MAC品牌在游戏、综艺两个圈层都制造了影响力。

图11-2 MAC&火箭少女101

六、传播策略（媒介策略）

1. 网络媒介

整合闪屏联投、微信朋友圈广告、QQ 社群、定制 H5 小游戏、小程序的快闪店（图 11-3）。

MAC 选择通过新技术增强体验。此次跨界合作中，MAC 引入天天 P 图工具和 QQ AR 技术，提升趣味性和交互性。AR、VR、人工智能等黑科技的引入，改变了营销的参与方式和互动感受。MAC 还利用 QQ 的 AR 扫一扫技术，与年轻用户深度沟通。比如，只要扫描口红的子弹头，就可以唤醒视频，玩家与虚拟人物互动。即使身边没有 MAC 产品，用户只要有一张"黑色子弹头"唇膏的图片，也可以扫一扫进行参与，充分扩大了覆盖的圈层。

除了 AR 技术增强体验感外，腾讯还为 MAC 找到了女性用户高频使用的工具天天 P 图，让本身有着技术含量的"化妆术"用社交手段降低门槛玩起来。美妆话题在社交媒体平台具有天然的话题性和传播力，包括彩妆技巧、妆容效果等的探讨，而女性用户更倾向于分享。借助天天 P 图等智能工具，美妆品牌让朋友圈社交链的传播发挥出了更大的威力，带动更多圈层的联动。

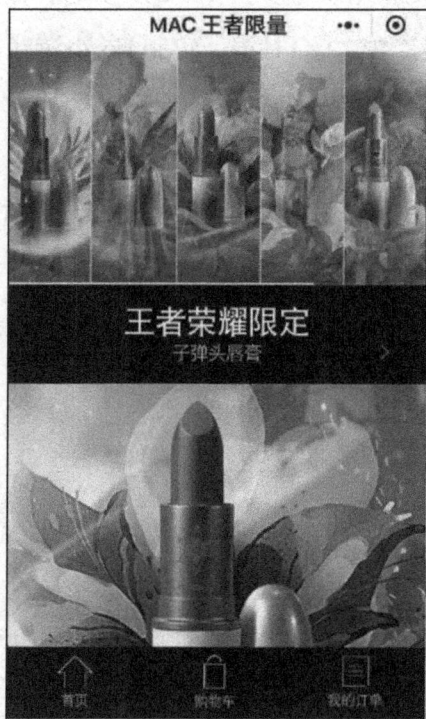

图11-3　MAC&王者荣耀限定

2.线下"沉浸式"店铺

消费者可以在现场进行"沉浸式"体验。MAC以"唇色竞技"为主题打造"MAC × 王者荣耀"的cosplay专场和电竞专场，邀请cosplay类和电竞类的KOL现场开黑、合影、VR趣玩。

七、整体预算

整体预算包括联名合作、利用网络渠道宣传，微博、微信、客户端、搜索引擎等投放；线下门店维护费用。

八、效果评估

MAC 与《王者荣耀》、火箭少女 101 的跨界合作制造参与感。整合闪屏联投、微信朋友圈广告、QQ 社群、定制 H5 小游戏等推广资源外，社交裂变收口到小程序的快闪店上，导流销售，实现品效合一，最终转化量可观。

数据显示，上线几秒钟，露娜色和貂蝉色的定制款断货，官网导入的流量几乎是日常的 30 倍（图 11-4）。

图11-4　MAC流量销量

第 12 章　支付宝 × 天猫国潮
——2021 "新年五福" 活动本土化
整合营销传播分析

广告主（品牌）名称：天猫国潮
案例策划、制作单位名称：天猫国潮、支付宝
案例实施时间：2019 年 1 月～ 2021 年 1 月

一、实施背景

伴随春节脚步的临近，一年一度的 "福" 营销又拉开了序幕。来到了第六个年头的五福活动，不仅是一个现象级的营销 IP，更是基于情感内核回归 "福文化" 年俗的品牌符号，包括《七里地》品牌影片、"一家人，全家福" Campaign、"国潮有福" 跨界联名等案例都是品牌基于 "福文化" 的发展和延续。

2019 年，"福文化" 更是一并搭上了 "潮文化" 的列车，支付宝集五福活动和天猫国潮这两大超级 IP "一拍即合"，强强联手打造了五福的子IP——国潮有福，一方面通过传统与新潮的碰撞为 "福文化" 注入更多新元素；另一方面，也集合支付宝和天猫的平台势能为消费者创造更多 "福潮" 新体验。

1 月 26 日，天猫国潮和支付宝五福联动推出 "国潮有福" 品牌活动，涵盖服饰、母婴、食品、消费电子等类目的 22 个品牌。此次活动围绕 "福" 字推出了一系列跨界国潮商品。为支付宝集五福活动注入新元素的

同时，助力国货品牌实现"福文化"升级。

2021 年是"国潮有福"IP 诞生的第三年，在营销方式上，支付宝和天猫既维系扩大了"福潮"的 IP 基因又结合非遗等文化元素推陈出新，毫无疑问的是，"福"文化正在渗透越来越多人的日常生活，而"福"营销也变得更潮了。

二、市场调研

1. 目标市场

随着 Z 世代青年成为互联网的主力军，潮流文化成为热门趋势和新的营销发力点，各品牌都进入"年轻化""本土化"的历程中，渴望与年轻群体对话。

兴趣是品牌融入年轻群体的通用语言。"国潮有福"目标市场定位在18～35 岁，生活水平较高，对互联网的接受程度较高，学习能力与推广力强的年轻群体，并基于其对参与线上线下活动的积极性，推出其感兴趣的活动与话题。

国潮在近几年的迅速崛起，已经从产业链变革、品牌高速发展这样的数据增长发展成为消费者心智的彻底转变。继汉服圈、新国货之后，国潮也有了一个成规模的新文化群落。越来越多的人、事、物正在融入"福文化"，重新焕发春节的活力。

"国潮有福"瞄准"年轻化"和"国潮崛起"两大趋势，与传统文化结合，把握年轻潮流市场，推出一系列营销活动。在 2021 年新年期间，通过线上线下的全覆盖宣传，掀起了一波新浪潮。

2. 品牌背景

2018 年，天猫"国潮来了"横空出世，席卷国货消费市场。RIO × 六神"花露水鸡尾酒"首发 5000 组 17 秒售罄，老干妈卫衣、周黑鸭唇膏均上线秒无。2019 年，天猫"国潮来了"依然频频刷屏。大白兔 × 气味图书馆"快乐童年"系列香氛，天猫618预售315件，60秒售罄；锐澳×英雄"墨水鸡尾酒"，首发3000组1分钟售罄；冷酸灵×小龙坎"火锅牙膏"，预售3000套上线即售罄……

三年过去，兼具带货能力与网红气质的"国潮来了"已然成为天猫颇具代表性的营销IP。倚靠"国潮来了"，众多国货老字号重新走进大众视野，也让跨界玩法深入人心。春节期间，为打造差异化经营，天猫国潮需要进行多方联动与整合传播，在人们无暇顾及线上购物的时间段里，为用户生活注入新鲜气息。

支付宝作为移动支付行业的佼佼者，多年来通过其对用户生活的全方位渗透与精准服务和营销，已经成为许多人生活中的必不可少。2016年，支付宝为了防止微信、QQ等社交平台进一步扩大占领移动支付市场份额，巩固自身地位，于当年春节首次推出"集五福"活动，以期弥补与竞争者相比自身社交功能的不足。用户通过AR扫描、与好友交换、给蚂蚁森林浇水等途径，在除夕夜开奖前将五种福卡全部集齐并进行合成以获得红包。几年来，该活动热度逐年升高。

近年来，在天猫国潮传承福文化的同时，支付宝"集五福"活动需要进一步得到年轻人的喜爱，也正一年一创新，从增加福字类型、得福卡新玩法，到传递中国福活动，支付宝始终致力于打通线下集福与线上各类活动的渠道。

天猫国潮与支付宝"集五福"发起联动，"国潮有福"便是两大电商强者的深度对话与合作，2021年是国潮有福IP的第三年，这一IP的内涵也在前两年活动的基础上，变得越来越丰富。从一开始将福字简单地印在衣服上，到如今从服饰单一类目延伸到母婴、食品、消费电子等各大类目。围绕着"福"字，国潮正在逐渐走向细分，越来越多的与福相关的中国元素开始被激活，再次引爆"国潮有福"IP的同时，也让更多年轻人看到了国潮正在走向成熟。

三、营销目标

通过该 IP，天猫一边指向品牌，通过品牌命题作文式的货品和创意传播，让"旧福焕新颜"，从文化层面落地到商品层面；另一边则链接年轻人，在提供更多"福潮品"选择的基础上，融入年轻消费者喜爱的社交语境，与他们玩在一起。在"国潮有福"的推动下，两大 IP 联手引爆了福文化，力求在"国潮有福"的带动下收获增长。另外，支付宝希望通过消费者获得的福潮新体验，也进一步沉淀成为品牌的数据资产，增强自身的影响力。

四、创意核心

跨界、传播、传承。

五、表现形式

1. 品牌联动扩展文化外延

在过去，"福"文化可能更多的是代表"结婚、生子、财富"等传统祝福上，但在注重个人体验的今天，"福"的意义也应有更多的改变。在 2021 年的"国潮有福"Campaign 中，通过联动 21cake、潮宏基、飞利浦等 22 个品牌共同发声（图 12-1），"国潮有福"就让"福"的表达更加具备多样化的视角。

2. 紧跟潮流，吸引年轻消费者

通过联动近期爆火的综艺、明星、流行趋势，吸引年轻消费群体的关注。

综艺《乐队的夏天》爆火之后，乐队 IP 也成为品牌快速抵达年轻消费者内心的通行证。天猫 2021 年携手康姆士发布有福新春新曲《国潮我福了》（图 12-2），吸引更多年轻消费者的注意力。

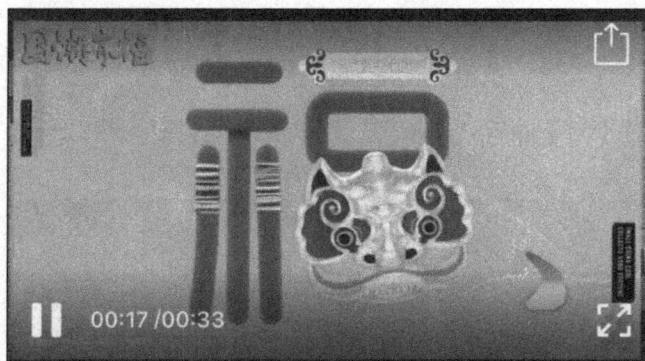

图12-1　国潮有福

图12-2　国潮我福了

　　"国潮有福"Campaign 以直播带动销量，不仅选择直播间作为盲盒卫衣的首发阵地，还在天猫国潮直播间集合全明星阵容为团圆"春碗"、定制"福"字卫衣周边、九牛一牷国潮礼盒等"福"货品站台打 Call，引爆"福"货品的实际销量转化。

　　3. 现代化演绎非遗文化

　　"国潮有福"Campaign 以大视角小切口的方式，将"福"这一中国渊源流深的传统文化聚焦在更具体的"非遗文化"主题层面，通过天猫国潮、支付宝集五福、犀牛智造、中国最大纹样数据库——纹藏、品牌 GXG 五大平台的联动，共同打造非遗传承大事件，让非遗纹样和福文化有了新碰撞。而在 Social Beta 看来，这既是对于天猫国潮细分领域"福文化"的进一步挖掘，也是基于当下品牌"非遗热"现象的深度洞察（图 12-3）。

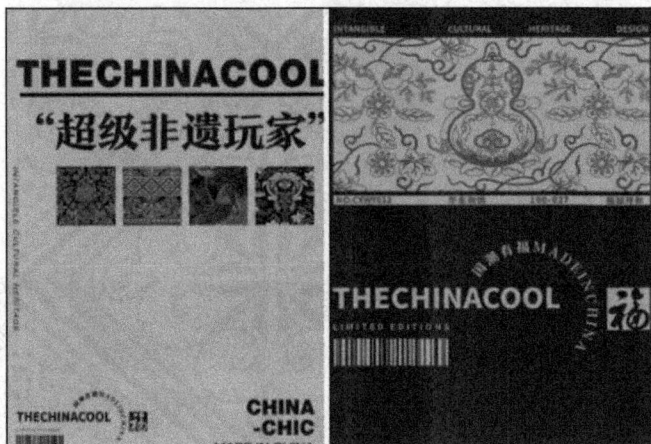

图12-3　非遗

六、传播策略（媒介策略）

1. "国潮有福"宣传海报

图12-4　宣传海报

这些以"福"字为载体的品牌宣传海报（图12-4），在呈现上皆体现不同品牌对"福"的不同表达视角。可以说，这是品牌针对"福文化"这一命题作文所产出的创意上的呈现，亦是结合品牌特色对"福文化"外延的不断扩展和演绎。针对当下年轻消费群体热衷于潮流单品的人群洞察，在让"福"变潮这件事上，天猫所推动的不仅仅是协助品牌输出福文化创意，更重要的是从包装、功能等层面设计产品，让"福"看得见更买得到，通过商品造物融入消费者的日常生活中。

2.新媒体平台潮物春节联欢晚会

"国潮有福"IP还联合新媒体平台"磁器"共同打造了一台潮物春节联欢晚会——福来大舞台（图12-5），携手各品牌定制"福"系列货品登台表演，上演了一场别出心裁的国潮盛会。比如，潮物GXG超级非遗玩家卫衣就结合皮影戏元素进行了"国潮有服"开幕秀，还有"戏说春碗""你福不福""逢抽必中"等节目，皆由"福货品"登台秀演，传递"福"字的潮解读。

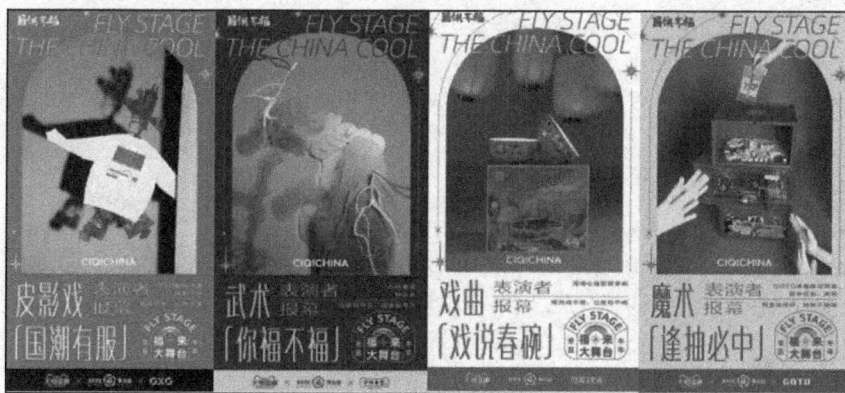

图12-5　潮物春节联欢晚会

七、整体预算

整体预算包括网络新媒体平台渠道宣传，明星代言，联名，海报包装设计等。

八、效果评估

在既新且古的福文化推动下，天猫国潮的"国潮有福"IP营销不仅变成了品牌与消费者之间的一次欢狂，"福文化"的崛起也使更多年轻人愿意主动接受和了解传统文化，赋予了福文化在新时代的长久生命力。

作为开创者，支付宝把福文化带入数字世界，同时作为超越者，他们也让"福"承载的意义更加鲜活有趣。"国潮有福"子IP的第三年，通过天猫国潮和支付宝集五福两大超级IP的强强联动，如今"福"对于广大用户来说不仅是一个新式互联网年俗，更是融入日常生活中的文化符号。而2021年，通过品牌端延展福文化的内涵、传播端吸引更多年轻受众、文化端传承非遗文化，天猫和支付宝也让"国潮有福"IP不只是流于简单的商业变现，而是与用户产生深入、持久的情感共鸣，赋予其长久的生命力。

第13章 完美日记双十一营销传播方案

广告主（品牌）名称：完美日记

案例策划、制作单位名称：完美日记

案例实施时间：2018 年 2 月～ 2018 年 11 月

一、实施背景

随着经济的不断发展，越来越多的人加入化妆行列，美妆市场蓬勃发展且不断壮大，在 20 世纪 90 年代初销售额达到 40 亿元；而电商时代的到来拓宽了销售渠道，也在无形中扩大了消费群体，使得化妆品行业的规模呈现爆发式的增长。随着人们消费水平的增长，越来越多的化妆品品牌将战略转向中国化妆品市场，使得中国化妆品市场的竞争加剧。此外，随着"她经济"的崛起，中国美妆市场规模不断扩大。一直以来，我国美妆市场由外资占绝对主导，我国的美妆市场一直被国外品牌占据，如CHANEL、Dior、CPB、YSL 等。国内美妆品牌想要在激烈的市场竞争中占据一席之地，十分困难。

二、市场调研

1. 目标市场

完美日记的价值观为"用心为年轻女性开发一系列彩妆产品"。由此可见，完美日记定位于我国中低端市场，品牌受众是以"95 后"为代表的新一代消费者，主要包括学生群体以及初入职场的年轻白领。这部分群体追求个性化的审美，会出于个人动机和社会动机成为美妆产品的用户，并正在以惊人的成长速度和庞大的人群规模接棒成为贡献消费的主力人群。同时，她们也是增值型顾客，因为她们既是社会化媒体的忠实使用者，又善于传播和创造内容，在成为品牌的忠实粉丝后可以为品牌吸引更多潜在用户。

由于品牌目标受众对美妆产品的消费需求非常旺盛，但是经济实力略有不足，所以完美日记采用低价定价策略，产品单价集中在 30～100 元，其中大部分产品单价在 50 元上下浮动，完全在目标群体的消费能力范围之内。与外资大牌彩妆相比，完美日记的产品单价不及它们的 1/3，与本土知名传统美妆品牌定价持平或稍低，走的是高性价比彩妆路线，有助于品牌快速打开目标市场。

2. 品牌背景

完美日记成立于 2017 年，是广州逸仙电子商务有限公司的品牌。完美日记致力于探索欧美时尚趋势，同时结合亚洲人群的面部和肌肤特点，用心为新生代女性研发一系列高品质、精设计、易上手的彩妆产品。支持中国时尚产业，立志于打造有国际影响力的 Chinese Beauty Icon。完美日记的品牌理念为美不设限，倡导年轻一代不被外界标签束缚，努力突破自我，积极探索人生更多的可能性，遇见更优秀的自己。

三、营销目标

基于前期市场调研对完美日记进行 SWOT 分析，如表 13-1 所示。

表13-1 完美日记SWOT分析

优势：	劣势：
1. 定价优势，性价比高，覆盖的经济群体广 2. 产品的创新研发度高，产品更新快，满足顾客新鲜感 3. 品牌定位符合当下潮流，品牌理念始终如一，在扩大的同时也兼具产品质量	1. 知名度和影响力底，成立较晚，根基不稳，自成立以来的发展速度难以和老牌国产化妆品相比 2. 中低端的品牌形象使得品牌难以进行品牌延伸，仅仅面向中低端市场，日后难以开发高端市场
机会：	威胁：
1. 中国庞大的人口基数和不断提高的收入水平给化妆品行业带来巨大的优势，化妆品行业近年来是照样行业，其市场前景良好 2. 国外化妆品品牌涌入中国市场，化妆品行业竞争激烈，但是可以从竞争对手身上学到宝贵的竞争经验，市场潜力巨大 3. 在互联网时代，广告媒体推广效果较好，善用网络的力量，可以助推新生品牌的发展	1. 国内外化妆品众多，竞争激烈，稍有不慎即被淘汰 2. 替代品的威胁。国产化妆品兴起，产品同质化严重，存在产品替换的风险 3. 冒牌产品涌现，价格战，恶性竞争 4. 化妆品行业也受国家经济的影响，要调整好企业自身，减少外在环境对本企业的影响

综上，短期目标是提高"双十一"销量，通过打造爆品提高知名度；长期目标是占据消费者心智，提高美誉度，树立"国货之光"的品牌认知。

四、创意核心

初期选择亲民的 KOL 带货，打造爆款产品；中期选择合适的明星代言和品牌联名等方式扩大知名度；后期直播带货，转流量为销量。建立社群，经营私域流量，形成销售闭环，促进消费者复购。

五、表现形式

先通过明星代言和品牌联名进入消费者视野，完美日记 3/4 月和 9/10

月上线大量新品，在一个月的时间里，依靠小红书、微博、抖音等平台打造 1～2 个爆款，从前期造势到后期维护运营，总共用时一个半月左右。通过在小红书、B 站、微博、抖音进行 KOL 分享和素人互动引流，最后通过公众号和"小完子"IP 经营私域流量，促进消费者复购。

六、传播策略（媒介策略）

1. 初期：小红书

2018 年 2 月开始，小红书作为重点渠道开始运营。通过小红书美妆区的大量女性 KOL 美妆博主、普通用户，以互相种草的方式推荐商品，打造爆款产品。

选择更为亲民的达人来投递，更符合小红书分享及种草的理念，"我使用过、我正在用"对小红书的用户更有吸引力。通过明星带货＋美妆博主带货＋素人带货的打法，营造出全民带货的氛围，打造出一个接一个美妆爆品。

根据网络数据显示，上线前期（3.05～3.15）：头部 KOL 轰推热度，先发制人，上线中期（3.16～3.31）：肩腰部 KOL 产出优质内容，持续发力，上线后期（4.01～4.15）：小众 KOL 广泛跟推，稳抓长尾效应。完美日记并非一味寻求头部顶流，而是广泛投放腰部以下的小众 KOL，其自上而下的投放比例为 1：1：3：46：100：150。有机立体的 KOL 布局帮助品牌达到了营销效果的最大化和持续化（图 13-1）。

2. 中期：小红书、微博、抖音、B 站等

中期利用明星、联名、话题营销等方式扩大品牌知名度。

2018 年 8 月选择朱正廷作为唇妆代言人，朱正廷的粉丝受众正好是 95 后年轻女性，与完美日记目标消费群相符，而且朱正廷本身有品牌感有热度，很好地吻合完美日记的营销策略。

在 2018 年 10 月，完美日记与大英博物馆合作进行跨界联名，推出

十六色眼影盘，提高品牌知名度。

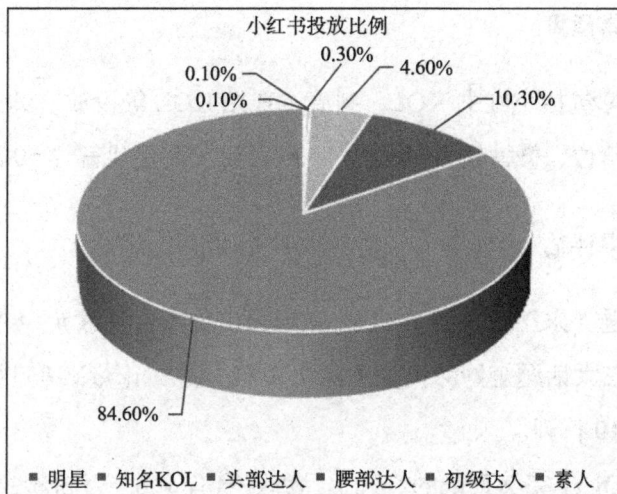

图13-1　小红书投放比例

在微博官方账号进行代言人官宣，引起粉丝讨论，增加热度，同时转发抽奖等扩大影响范围。

同时在各大平台，如抖音、B 站、小红书等年轻人聚集地进行话题营销，对某一款产品集中营销，形成网状铺盖式宣传，在"双十一"到来之际抢先在消费者心中留下一席之地。

3. 后期：淘宝、小红书、微信

后期利用直播带货，转流量为销量。建立社群形成销售闭环，促进消费者复购。

消费者购买产品后，作为路人在小红书上发布使用感受，与 KOL 推广形成呼应，既有知名度上的宣传推广，又有内容分享上的口碑营销。同时，会通过一些优惠手段比如"9.9复购""1元尝新"等让消费者在第一次购买后主动添加"小完子"的微信号，经营私域流量，通过"小完子"真实有趣的朋友圈分享和个性化的好物推荐激发消费者复购欲望，完成"个人号＋朋友圈＋微信群＋小程序"的销售闭环。

七、整体预算

整体预算包括小红书 KOL、抖音、B 站 KOL 等投放，约 2 亿元；淘宝直播和推荐位、微博转发抽奖约 7500 万元；明星代言约 500 万元。

八、效果评估

微博话题＃朱正廷完美日记＃、＃十分出色正合我意＃、＃完美日记小黑钻唇膏＃三大话题全网阅读量高达 7.79 亿，总讨论量破 853 万，跻身热门话题 TOP10 行列。

Perfect Diary 完美日记的小红书品牌账号有 106.1 万粉丝，58.2 万获赞与收藏，关于完美日记的笔记达到 6.2 万篇，分享贴的点赞、分享和评论数高则过万，平均达到 2000 个左右。其他各大平台分享内容也很多。

完美日记成为"国货之光"，其国产美妆良心品牌和极致性价比在消费者心中印下深刻记忆，从此提起"良心国货""性价比之王"等必然会想起完美日记，品牌知名度大大提升。2019 年 6 月天猫发布调研报告，完美日记在"00 后"粉丝认可的国货品牌中占比排名第二。

2018 年 10 月，完美日记与大英博物馆合作推出的联名十六色眼影盘，在天猫"双十一"中创下每 11.5 秒卖出一盘的销售成绩。完美日记 2018 年"双十一"开场仅 1 小时 28 分钟便成为天猫首个交易额破亿的品牌，并且在天猫"双十一"中创造出"90 分钟卖一个亿"的佳绩，成为天猫美妆化妆品的第一大品牌，营业额达 1 亿元，销售总金额位列天猫彩妆 NO.2，国货彩妆 NO.1。其中"珍珠糖色"唇膏库存 50000 支一开售便被快速抢空，成为继粉底眼影之后的又一明星产品，成为 2018 年天猫"双十一"唇膏销量 NO.1。

第 14 章　小米 11 Ultra 整合传播方案

广告主（品牌）名称：小米
案例策划、制作单位名称：小米
案例实施时间：2021 年 3 ～ 5 月

一、实施背景

2021 年 3 月 29 日，小米 11ultra 将开发布会，本次发布会将成为小米有史以来上新最多的一次发布会。并且在本次发布会后，小米将在新的十年里展现出新的色彩，让消费者认识一个全新的小米。

二、市场调研

1. 目标市场

发烧友、对科技感兴趣、中高端。

2. 品牌背景

小米科技有限责任公司成立于 2010 年 3 月 3 日，是一家专注于智能硬件和电子产品研发的全球化移动互联网企业，同时也是一家专注于高端智能手机、互联网电视及智能家居生态链建设的创新型科技企业。小米公司创造了用互联网模式开发手机操作系统、发烧友参与开发改进的模式。"为发烧而生"是小米的产品概念。"让每个人都能享受科技的乐趣"是小米公司的愿景。

主要产品：手机、笔记本、平板电脑、小米电视、小米盒子、小米路由器、智能硬件、隔空充电技术。

小米品牌在市场上具有较好的品牌知名度，同时消费者具有较高的品牌忠诚度，并且在不断地通过口碑传播影响着其他消费者。

三、营销目标

基于市场调查对小米产品进行 SWOT 分析如表 14-1 所示。

表14-1　小米SWOT分析

优势：	劣势：
1.管理团队强大 2.产品配置高，性价比高 3.网络直销，节省实体成本 4.微博营销，人们关注度高 5.技术革新、独自的操作系统 6.软硬件的结合，全方位的智能生态体系	1.手机自身缺陷，系统不稳定，令用户苦恼的重启 2.自身技术限制，整体自主产权性低 3.产能有限，供货不足，一度被质疑采用饥饿营销 4.售后保障不够完善 5.产品配送能力有限，与消费者急切的心态形成矛盾
机会：	威胁：
1.苹果 IOS 在乔布斯去世后市场占有率下降 2.移动智能终端普及化，手机网民数量激增，市场大 3.互联网发展持续高速 4.产品迎合了现代年轻人对发烧的追求 5.国内运营商的 5G 网络技术的发展、覆盖	1.竞争激烈，安卓阵营的三星、苹果、华为市场份额巨大 2.互联网巨头的围杀，如和 360 公司的"小 3"大战 3.对手的不正当竞争，如"米黑"的恶意诋毁和抹黑

在以前，小米被冠以性价比高、把价格压下去的名头被消费者认知，但是在高端市场领域并没有涉及，所以通过此次的产品打开中高端手机市场、占据一定的市场份额、增加销售额，并且通过新的理念态度提高品牌知名度、深化品牌形象、改变品牌形象。

四、创意核心

本次创意的核心主要围绕雷军和环保展开，雷军是小米公司的核心代表，也是小米最具形象的直接代言人，通过"奔跑的春天——和雷军一起奔跑"将消费者情绪带出，并通过互动的形式展现生生不息的生命之力，直接性与消费者们互动，把理念融进生活。总裁（雷军）带货使得产品更具有说服力、权威性。出圈的代价（许知远 VS 雷军灵魂对话）看似一场娱乐节目，实质上是在展现小米品牌的态度与新的理念，带领消费者去认识小米。环保公益项目将小米与环保相结合，凸现小米的公益价值。并且，环保也是现在以及未来的国家大力发展趋势，倘若将环保与小米相结合，未来的价值将不可限量。

五、表现形式

小米此次采用组合式的广告表现形式。通过直播带货、短视频、海报、购物袋、包装、公益、跑步、推文、节目等形式线上线下宣传与消费者活动以及评论互动，户外广告在西安王府井百货、沈阳中街、深圳深南大道、上海南京西路、南京新街口大屏展示，并开设小米之家快闪店。

六、传播策略（媒介策略）

1.网络媒体报道：以官方微博为重点，在各大 APP 同步宣传

2021 年 3 月 21 日

媒介：微博、官网、短视频 APP

通过小米官方渠道开始预热、激发群众好奇（图 14-1）。

图14-1 小米微博预热

2021 年 3 月 22—23 日

媒介：微博、官网、短视频 APP

小米官方渠道对外开始官宣新品发布时间、并通过微博展开互动转发抽奖活动，持续创造热度，吸引消费者（图 14-2）。

图14-2 微博官宣

2022年3月24日

媒介：微博、官网、短视频APP、视频APP、新闻、直播APP

雷军领跑活动、推广发布会、新机亮点展现（摄影）全球首发，微博评论转发"观战"送带观战门票、与文化人吐槽（预告片）提高用户积极性（图14-3）。

图14-3　微博推广

2022年3月25日

媒介：微博、官网、短视频APP、视频APP、新闻、直播APP

微博推送灵魂对话视频、产品视频、推广发布会、液态镜头亮点、宣传会推广，并在官网以及其他平台发布灵魂对话节目预告（图14-4）。

图14-4　微博宣传

2022 年 3 月 26 ～ 28 日

媒介：微博、官网、短视频 APP、视频 APP、新闻、直播 APP

微博推广评论抽奖，并在各大媒介进行产品介绍，各大渠道发布品牌 logo 置换预告、推广会宣传（图 14-5）。

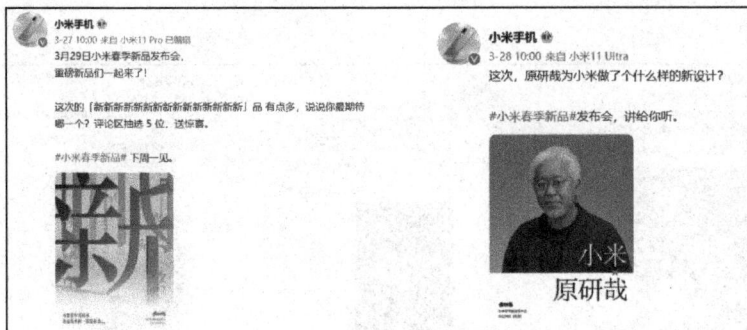

图14-5　小米微博

2022 年 3 月 29 日

媒介：微博、官网、短视频 APP、视频 APP、直播 APP、新闻

各大合作平台发布直播预告，开始前预热、发布设计师视频、米粉互动视频。

各大合作平台渠道推送直播链接，微博评论小米 11pro 转发抽送一位、小米 11ultra 抽送一台、转发抽送小米手环 6，各大官方合作商发布小米 11ultra 产品视频并在合作友商发布预售（图 14-6）。

2. 户外广告

5 月 1 日小米集团副总裁、手机部总裁曾学忠通过微博表示，号称"影像新物种"的小米 11 Ultra 登陆全国城市地标（图 14-7）。此外，小米 11 Ultrax 在地标马克户外无人机地标灯光秀广告（图 14-8），十分抓人眼球。利用各地标志性建筑大屏显示以及"五一"人们放假纷纷前来"打卡"吸引关注度。

图14-6　直播

图14-7　重庆解放碑　　　　　　　图14-8　灯光秀

3. 线下体验店，小米之家

　　成立直营客户服务中心（图14-9），为广大米粉提供小米手机及其配件自提、小米手机的技术支持等服务，是小米粉丝的交流场所。

图14-9　小米之家

七、整体预算

整体预算除去小米自己的广告制作团队费用、百度广告投放的长期合作费用、自家内部的工作人员、场地费用不参与计算，包括抖音、微博的广告投放、LOGO 设计、视频拍摄、快闪店、广告位投放费用，合计 1142 万元人民币。

八、效果评估

本次活动粉丝以及消费者参与度很高，并且在宣传推广销售方面也取得了较好的成效，对于新一轮的品牌理念，也逐渐被大众所接受认可。

微博推文点击量平均 4 万次，微博视频广告播放量达 700 万 +，抖音广告播放量达 770 万 +，销售额首发当天 1 分钟突破 12 亿元，抖音发布会直播观看人数 30 万 +。

第 15 章 太平鸟 "年轻化" 转型营销 整合案例分析

广告主（品牌）名称：太平鸟

案例策划、制作单位名称：太平鸟

案例实施时间：2015 年至今

一、实施背景

从 2015 年开始，太平鸟的产品开始向时尚化、年轻化转型。产品紧跟潮流，针对 "90 后" "95 后" 等消费群体，设计更年轻化、潮流化。

2018 年，太平鸟提出 "太平青年" 概念。太平鸟对 "太平青年" 的界定是，他们有着清晰的头脑，冷静的内心，坚定的坚持（抛去青年狂放的外形，聚焦内在自我的生长）。他们敢于尝试新事物，最早跟随各种涌现的潮流事物，却不盲从——年轻个性，独立果敢。"太平青年" 的概念来源于太平鸟对当代青年生活现状的洞悉。越来越自我的个性与独立的精神是当代中国青年的最大的特征，也是品牌年轻化与品牌细分的重要指引。

以这一概念为起点，2018 年以来，太平鸟将重心放在青年文化的打造上。一方面，太平鸟通过办秀、联名合作、线下活动等方式不断吸引年轻消费者的注意力；另一方面，品牌在文化内涵和内容营销上创新也引发了行业的广泛关注。

二、市场调研

1. 目标市场

市场专业化——太平鸟在建立女装品牌后以女装为主营业务，所以可以达到集中化满足 18 ～ 28 岁女性消费者需求。

消费者特点：年轻，对于时尚产品有自己独立的见解于选择，有追逐时尚的心理，但是却没有能够消费满足较高价格的时尚产品的能力。

差异性市场选择战略：太平鸟根据挖掘消费者不同消费倾向采用多品牌差异化战略，不同细分市场采用不同的战略。

2. 品牌背景

1996 年至今，太平鸟一直位列全国服装行业销售收入和利润双百强单位，2000 年起太平鸟荣登宁波市百强企业、浙江省百强私营企业、全国民营企业 500 强之列、宁波市纳税 50 强（34 位），太平鸟品牌也先后被授予"中国名牌""中国驰名商标"等荣誉称号。太平鸟的服装产业公司一直保持着 40% ～ 50% 的高速增长，全国营销网络也已超 2400 家，2011 年集团实现经营收入 68 亿元人民币，销售规模位居全国服装企业前10 位。

太平鸟服饰品牌"倡导时尚理念、引领时尚生活"的企业使命，紧紧把握时尚潮流发展主线，立志将"太平鸟"打造成为"中国第一时尚品牌"，并以国际知名的大型时尚产业集团和中国的世界品牌为企业的远期发展愿景，成为中国大众时尚界的一面旗帜。

三、营销目标

获得新的消费群体，实现品牌风格的转换。达到实现消费者群体的迭代，保持消费者年轻化的营销目标。

四、创意核心

从产品设计上，不再固守本土化品牌偏好使用的色彩和样式。融合越来越多与国际当下潮流接轨的元素，努力寻找贴近当下年轻人最前沿的生活状态和生活理念，例如创新、打破边界等话题，传递年轻时尚的品牌文化。

持续优化"新四轮立体驱动"的渠道布局，在推动线上业务快速发展、深入探索全网零售的同时，加大购物中心、奥特莱斯等渠道的拓展力度，不断提升线下门店的整体品质。

五、表现形式

对外品牌输出——与可口可乐、YOHOOD、DISNEY 以及 ÉTUDES 等联名活动。

2018 年年初，太平鸟通过首个天猫中国日在纽约时装周呈现首秀（图15-1），推出与美国可口可乐的联名合作系列。同年 8 月，太平鸟女装联合百年国产老牌凤凰自行车发布 2018 PEACEBIRD WOMEN 秋冬大秀。太平鸟试图在时装秀这一基本营销形式上不断做出新鲜感，本次大秀不仅将秀场打造成复古艺术空间，用特殊灯光装置在整个空间投影流动的"太平"字样，中场还首次播放了以太平鸟动漫形象为主角的动画，配合音乐将秀场打造成"泛娱乐"的沉浸式体验空间。

其他线下活动和联名系列则在一年两度的大秀之外，帮助太平鸟维持品牌的话题热度。3 月，太平鸟男装与 Snoopy 开设了一家"24 小时不便利店"，还与可口可乐联合开设"What Museum 这是什么博物馆"。

2018 年 9 月，太平鸟入驻 2018 YOHOOD 全球潮流嘉年华打造 N° 8102 空间，呈现太平鸟男装携"假笑男孩"的独家周边以及太平鸟男装、DISNEY 以及 ÉTUDES 的三方联名系列。借势于 YOHOOD 对年轻人群的集聚效应，太平鸟更直接接触到了最新一批年轻消费者（图15-2）。

图15-1　联名活动

图15-2　入驻2018 YOHOOD全球潮流嘉年华

　　太平鸟为其2018秋冬系列策划了四个线上形象推广活动，包括2018秋冬平面广告 "Me and My Labels"，由品牌特意挑选的个性素人拍摄2018秋冬广告短片 "Me and My Girls"，太平鸟漫画形象 "Me and My Peace birds"（图15-3），以及太平鸟与凤凰牌自行车最新合作系列 "Me and My Memories" 怀旧照相馆主题推广（图15-4）。

图15-3　Me and My Peace birds

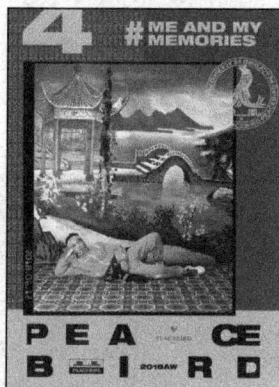

图15-4　Me and My Memories

六、传播策略（媒介策略）

1. 网络媒介

与多个媒体平台合作，对"太平青年"这一概念进行更进一步的挖掘和演绎。

2018年9月，太平鸟又联合YOHO！潮流志在全国6大城市13所高校发起"太平青年大有可为"（图15-5）高校青年有为计划，短短5天，收获80万+话题关注。

图15-5　高校青年有为计划

携手时尚潮流媒体 NOWRE 现客对话央美青年，发起"卫衣改造"活动（图 15-6），通过解构、重塑、创造，探索"太平青年大有可为"的深层含义。

图15-6　卫衣改造

2. 线下体验店

2018 年 9 月 15 日，位于杭州大悦城的太平鸟新零售旗舰店开业（见图 15-7），预示着太平鸟将正式启动品牌集合效应战略，未来将以品牌旗舰店为零售现场，更是打造了潮流平台 PEACEBIRD+：鼓励年轻人一起共创门店的互动内容，将自己的热爱用极具想象力的方式去发现并实现。

9 月 19 日是太平鸟与天猫达成新零售战略合作协议一周年，太平鸟将主题为"太平青年大有可为"的集团日活动从线上搬到了线上线下（图 15-8）。9 月 19 日～21 日，919PEACEBIRD 集团日集结旗下 5 大品牌秋冬新品、联名款全线爆发，尽享独家新品折扣。

此次"太平青年大有可为"919PEACEBIRD 集团日再次聚焦年轻群

体，通过推崇 THE STRENGTH OF INNER PEACE，重新定位太平鸟独特的文化价值，从而赋能新一代青年成就更加强大而独立的自我，活出闪耀的人生。

图15-7　杭州大悦城太平鸟旗舰店

图15-8　集团日活动

七、整体预算

整体预算包括联名合作、利用网络渠道宣传，微博、微信、客户端、搜索引擎等投放；线下门店维护费用。

八、效果评估

数据显示，截至 2021 年 6 月底，太平鸟门店数量为 4760 家，相比上年同期增加 460 家，相比期初增加 144 家。公司上半年直营收入达到 23.9 亿元，同比提升 70%，直营净拓店 35 家，直营渠道运营质量得到持续改善。与此同时，加盟渠道恢复增长势头也在延续，加盟收入达 10.5 亿元，同比增长 92%，上半年净拓店 109 家。

线上零售方面，太平鸟的表现也十分突出。除传统电商平台外，社群营销和直播销售也逐渐成为年轻消费群体与品牌进行互动和交流的重要方式。报告期内，公司线上渠道营业收入 15.5 亿元，同比增长 38%，线上营业收入占比保持在 30% 以上。其中，重点布局的抖音零售额达 3.04 亿元。

第 16 章　ONLY& 天天爱消除 "消除联萌" 联名整合营销案例分析

广告主（品牌）名称：ONLY

案例策划、制作单位名称：ONLY、天天爱消除

案例实施时间：2019 年 4 月

一、实施背景

"消除联萌"是由腾讯休闲手游《天天爱消除》联合林俊杰推出的虚拟偶像天团，致力以"萌"的方式释放女性压力，倡导"消除一下就好了"的萌减压方式。

ONLY 则重视女性自由精神的表达，鼓励女性成为酷味十足、自信、真实、时髦、前卫的自己，主张女性的独立、自主与酷帅。并因其对于质量的重视、不断创新和对女性价值观的表达，在市场上赢得良好声誉与TOP 地位。

一个是关注帮助女性"萌减压"、深受女性喜爱的"萌文化"IP，一个是始终致力于帮助女性个性化表达、忠于自我的头部女性服装品牌，两者对当代年轻女性心理进行了深度觉察，发现每个女孩都百变且多面，既扛得起小生活，有独立有范、追求自我的酷一面，又有温柔可爱、充满少女心的萌一面。其实，每个酷女孩心里都住着一个萌妹子。

二、市场调研

1.目标市场

（1）年龄定位。ONLY 进行市场细分的第一个原则是年龄。从 ONLY 的消费者人群年龄构成来看，ONLY 的消费者大多是 35 岁以下的成年女性，这一年龄段的女性消费者也是服装消费最多的群体。她们购买服装欲望更强，购买服装需求更大，购买服装的频率更高，购买的金额更大，而且她们有一定的经济基础支撑自己的购买行为。另外，由于这些年轻女性崇尚个性，喜欢标新立异，经常做出一些冲动消费的行为。但总体来说，这些年轻女性的性格特点以及购物理念和 ONLY 的品牌精神是一致的。

（2）收入定位。ONLY 进行市场细分的第二个原则是收入。从 ONLY 的消费人群收入水平来看，ONLY 的消费者大多是中上收入水平的女性顾客。相比于其他大品牌，ONLY 的服装价格还算亲民，从总体上来看，ONLY 的服装价格大多在 1000 元以下，也有价格比较高的服装，但是比较少，所以总体而言更容易被人接受。但是由于 ONLY 的服装即使是较便宜的，价钱也在 400 元以上，所以购买 ONLY 服装的顾客大多是中高收入水平的女性顾客。

（3）消费心理定位。从消费观念上来说的话，ONLY 的消费者由于大多都是年轻女性，所以她们更加喜欢追求个性，崇尚自由，喜欢标新立异，而 ONLY 的品牌精神以及服装特色都比较符合潮流和时尚，能够满足年轻女性消费者，追求个性，崇尚自由的精神。

2.品牌背景

ONLY 是丹麦著名的国际时装公司 BESTSELLER 拥有的众多著名品牌之一。BESTSELLER 集团成立于 1975 年。ONLY 于 1995 年在丹麦创立，至今销售网点已拓展到了全球 46 个国家。

集团创立以来，已经拥有 2000 多家概念店和超过 6000 家品牌时装零售店销售。主要市场包括丹麦、挪威、瑞典、德国、芬兰、荷兰、西班牙、法国、加拿大、英国等欧美国家。Bestseller 的设计师遍布欧洲，总是站在世界潮流的前沿，为大都市的年轻人营造超级时尚概念。

1996 年 9 月 28 日，ONLY 品牌诞生之初，便富有远见地来到中国，从北京西单赛特的第一家店铺，到如今遍布中国大陆 300 多个城市共约 1800 家店铺。2000 年对于 ONLY 有着品牌里程碑的意义，在这一年，ONLY 首次在店铺中引进"快时尚"的定义，以保证款式始终引领潮流，这一概念流行至今并使 ONLY 成为众多欧洲时尚的领跑者。时尚感强的欧洲设计，让大胆而独立的都市女性通过服饰表现自我。

三、营销目标

提高品牌知名度，深化品牌定位，扩展年轻消费群体市场。突出 ONLY 自身品牌的特点，让消费者深入了解本品牌。

四、创意核心

ONLY 与《天天爱消除》旗下首个虚拟偶像天团"消除联萌"达成以定制服饰为核心，联动微信智慧零售打通线上游戏与线下实体门店互动体验的整体授权合作，联合发布"虽然我很酷，但想对你萌—— ONLY& 消除联萌 2019 年春夏季联名"系列，以"消除联萌"的 4 大虚拟 IP 形象为主角，打造 11 款时尚潮 T，演绎"虽然我很酷，但想对你萌"的当代女性新态度。

五、表现形式

1. 形象海报（图 16-1）

海报采用鲜活亮丽的色彩，展现年轻人的活力。海报上，穿着联名系列的甜酷女孩与消除联萌虚拟偶像天团进行互动，鬼马可爱。

图16-1　虚拟偶像海报

2. 潮流 T 恤

通过打造 11 款混搭碰撞潮 T，两者将当代女性"独立有范的酷"和"内心深处的萌"完美交织，展现新时代萌酷女孩的心声，演绎"虽然我很酷，但想对你萌"的当代女性新态度。

此次品牌跨界合作，深根于 ONLY 在服装领域的品牌认知度与 ONLY 服装设计师的优秀工艺，结合以上 4 大 IP 形象打造出 11 款潮流服饰，用一线产品强势演绎"虽然我很酷，但想对你萌"的萌酷女孩"反差萌"心声，满足用户在时尚领域的消费需求。同时也是"消除联萌"展现独特 IP 风格、打造主题服饰的首次新尝试。

贱萌、活泼好动的吃货宝宝"喵星星"系列潮 T（图 16-2），完美诠释了运动与摩登街头风。T 恤分为柠檬黄、丁香紫和奶白色三个不同颜色的款式，来表达不同"温度"女孩的个性与态度——黄色明艳、紫色气质、白色纯真。在人物背景上，采用了金属银箔印花和金属银葱印花工艺，不同字体的工艺与质感也有所区别。ONLY 致力将服饰做到极致，为用户带来更好的穿着体验。

图16-2　喵星星

　　傲娇、爱美、立志成为下一个 Coco Chanel 的优雅小姐"果果兔"款
T恤（图 16-3）可甜可盐，满足 girl 们的百变小梦想。T恤采用了细致的
精工绣花工艺，纯白百搭，实现女孩们追求甜美乖萌风格和性感气质风格
的双重梦想！

图16-3　果果兔

　　拥有 geek 男浪漫、有温情的万能男友"琦琦熊"定制潮T（图 16-4），
通过闪亮潮酷的 IP 形象搭配极具未来主义的银色背景，凸显 ONLY 品牌
的未来街头感。T恤结合了银葱印花工艺，奶白色可爱、浅褐色个性，完
美诠释女孩们的萌酷范。

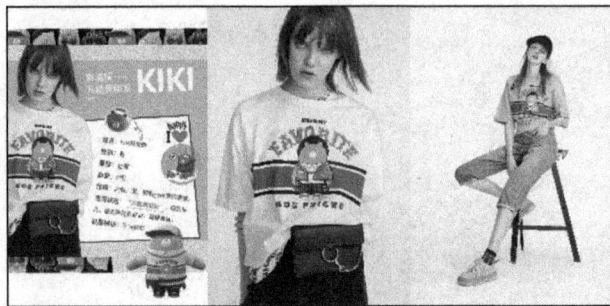

图16-4　琦琦熊

特立独行、内心纯粹的反教条暴力萝莉"黄豆豆"定制系列（图16-5），穿上它，你就是这条街最有个性的 girl。两款迷彩款街头范十足、立体照片纯黑款、精工绣花纯黑款、精工绣花纯白款简约而不简单，5 款不同风格的黄豆豆潮 T，来展现女孩们别具一格的专属潮范。

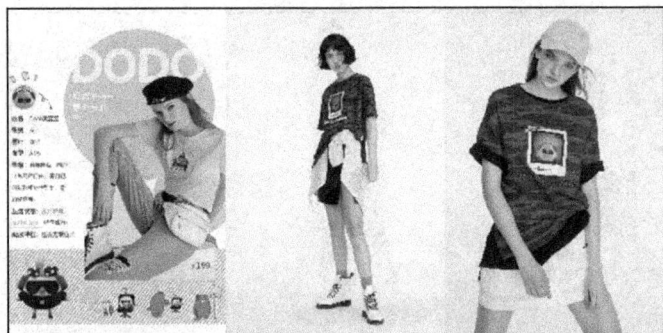

图16-5　黄豆豆

六、传播策略（媒介策略）

联手智慧零售，探索线上线下合作新模式。

为了让用户领取第一手福利,《天天爱消除》游戏内为用户准备了海量 50 元无门槛优惠券，进入游戏内点击活动页即可领取（图 16-6），官网、小程序、全国ONLY门店皆可使用。同时，联名系列潮T的售卖借助了微信智慧零售工具"小程序"，可直接下单。2000余家线下门店实现线下零售渠道全铺排，《天天爱消除》游戏联动，借助4亿玩家实现线上强曝光，微信智慧零售工具"小程序"实现人性化连接，为用户带来更便捷、直观的购买体验。

"消除联萌"与ONLY共同联合微信智慧零售团队，借助微信智慧零售工具"小程序"的连接（图16-7），打通线上游戏与线下门店的深层次互动体验，探索IP+智慧零售在服装领域的合作模式。智慧零售实现零售业与互联网的深度结合，通过IP赋能，协助零售业的可持续发展。

图16-6　抽奖活动　　　　　图16-7　微信小程序

七、整体预算

整个整合传播方案的预算中，占比最多的就是联名费用，其次线上的小程序开发费、维护费，线下门店设备及维护，保守估计预算达800万元左右。

八、效果评估

微博话题＃虽然我很酷，但想对你萌＃获得 9.3 万阅读量；借助《天天爱消除》游戏 4 亿玩家实现线上强曝光。打通线上游戏与线下门店的深层次互动体验，探索 IP+ 智慧零售在服装领域的合作模式，实现零售业与互联网的深度结合。通过 IP 赋能，协助 ONLY 服装零售业的可持续发展。

第 17 章　珀莱雅"性别不是边界线，偏见才是"营销整合案例分析

广告主（品牌）名称：珀莱雅

案例策划、制作单位名称：珀莱雅，中国妇女报

案例实施时间：2021 年 2 ～ 3 月

一、实施背景

近年来，性别议题的讨论热度居高不下。在日常生活中，很多人会分性别来评价事物，"女性化"仿佛成为贬义词，并随之形成一整套性别偏见。这种现象不仅束缚女性，也在束缚男性。另外，在三八妇女节这一与性别高度相关的节点，品牌如何跳脱出单纯的"赞美女性"视角，选择独特的角度立意？

珀莱雅结合对社会性别现状的洞察，不局限于"女性偏见"，把社会对男性的偏见也纳入讨论范围。希望通过品牌营销，传递性别平等的鲜明态度，打破所谓"女性应该成为的样子"和"男性应该成为的样子"，突破性别刻板印象的枷锁，讨论性别平等的真正含义——在成为一个女人或者是男人之前，我们首先应该成为"人"。

二、市场调研

1. 目标市场

品牌定位：主打"保湿＋美白"，大众海洋科技护肤品牌。

核心客群：三四线城市 18～35 岁年轻美妆消费者。产品需求上追求优质产品的同时具有价格敏感性。有钱有闲，在直播短视频上所花时间及费用不断增加。

2. 品牌背景

珀莱雅是始于中国，放眼世界，具有国际化视野的护肤品品牌，18 年间潜心探索肌肤新生科技，严格甄选优质原料，不断创新发现科技护肤技术，为所有消费者提供科学、安全、见效快的前沿科学肌肤解决方案。品牌隶属于珀莱雅化妆品股份有限公司，自 2003 年诞生以来，秉承着年轻前沿科技力为品牌核心实力，成为顺应时代变迁、快速渗透并影响年轻消费人群的"国货之光"品牌之一。

2013 年 9 月 12 日，珀莱雅成为联合国妇女署中国首家企业合作伙伴，陆续投入千万元公益金，用于中国女性公益项目，并在全国开展了珀莱雅"海阔天空·女性就业平等计划"。珀莱雅作为中国首家签署"赋权予妇女原则"的企业，将时刻关注女性发展的方方面面，成为推进中国女性赋权、帮助中国女性追逐人生梦想的企业表率。

三、营销目标

提升"双抗系列"产品知名度，扩大品牌影响力，提升产品市场份额。

四、创意核心

以"性别不是边界线，偏见才是"的广告主题吸引消费者注意；与《中国妇女报》联合，内容不仅为女士发声，也有男性的视角，激发消费者共鸣。

通过"性别不是边界线，偏见才是"这一核心洞察，让营销从品牌角度上升到社会议题层面，推动性别平等。与此同时，演讲风格的文案让

campaign 理念更好地传达给受众；核心主张与产品优势的高度契合，也让洞察具有了物质载体落点。

五、表现形式

1. 联合《中国妇女报》发声

珀莱雅联合《中国妇女报》，发起 # 性别不是边界线，偏见才是 # 活动，撰写"性别偏见"主题长文案，并在《中国妇女报》报纸版面投放（图 17-1）。

2. 与歌手于贞合作，突出态度表达

品牌片采用演讲风格的文案，以于贞为讲述人，用

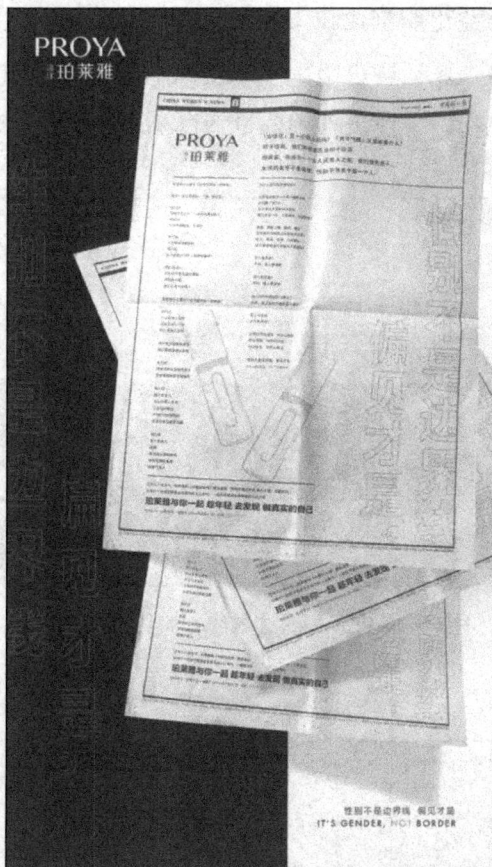

图17-1　珀莱雅&《中国妇女报》

平和有力的声音讲述当下大众遭受的性别偏见和刻板印象。视频画面与文案内容相匹配，使用日常生活中常见的生活场景，通过画面表达这些日常却不平常的细节，以此引发观众共鸣。

后半部分用与文案表面相反讽的画面内容，使用群像群声朗读表现手法，表达对抗性别偏见的态度，释放情绪，点燃观众，最后回归理性，给出核心"性别不是边界线，偏见才是"（图 17-2）。

3. 联合多个领域 KOL，深入探讨性别议题

珀莱雅联动奇葩说辩手席瑞、萝贝贝、up 主 vivi 可爱多、作家七英俊、

公益组织橙雨伞等多个领域KOL，为＃性别不是边界线，偏见才是＃发声。此话题也吸引了李银河老师参与发表观点（图17-3），引入专业的学术讨论，探讨性别偏见背后的深层原因。

图17-2　性别不是边界线，偏见才是

图17-3　李银河发表观点

图17-4　双抗精华艺术礼盒

4.邀请新锐插画师定制礼盒，扩大活动影响力

珀莱雅邀请新锐插画师定制妇女节主题"双抗精华艺术礼盒"（图17-4）。此次礼盒中的T恤特别设计了"空白纸页"样式，邀请KOL参与态度T恤二次创作（图17-5），讲述他们在生活中遇到的"性别偏见"现象，扩大活动影响力。

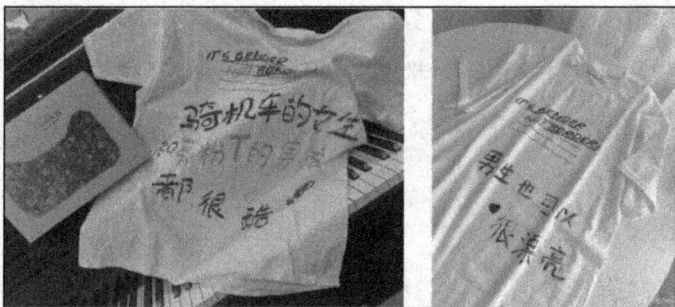

图17-5 T恤二次创作

六、传播策略(媒介策略)

微博数据显示见图 17-6。

1. 纸媒:《中国妇女报》

在 3 月 3 日出版的报纸底版,全版刊登主题文案,506 个字,57 行,像一首诗,更像一次宣言。

传播策略

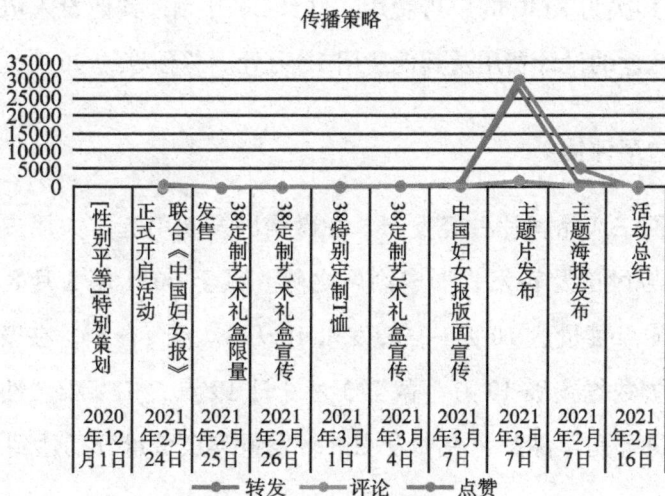

图17-6 珀莱雅传播策略

事件营销：创造事件，造势营销。制造与企业品牌核心理念相关联的事件，将产品卖点和事件巧妙地有机结合，对目标群体关注的话题精准定位，联合《中国妇女报》，将事件营销与其他营销传播手段相结合，使事件营销的影响力达到最大。

2. 网络媒体：微博，微信

珀莱雅联合具有思想性、社会性和综合性的女性大报《中国妇女报》，围绕着＃性别不是边界线，偏见才是＃的主题，在微博和微信发起了系列活动，迅速引爆全网传播，成为妇女节营销的一匹"黑马"。

3月7日，珀莱雅发布一则表达"对抗性别偏见"的品牌态度片，片中邀请了新生代 Rapper 于贞与 10 位 KOL，共同讲述当下存在于日常生活中的"性别偏见"，通过这些人有力的发声，向社会传递对抗性别偏见，打破刻板印象的"双抗"价值主张和态度。

七、整体预算

本次营销整合案例预算中，以报纸媒介，视频制作与转载为主，共计58 万元；其次为 KOL 的广告费用，共计 20 万元；其他投入包括海报制作、定制礼盒的设计费用及其他费用 12 万元。总预算约 90 万元。

八、效果评估

珀莱雅三八品牌片一经发布，在微信朋友圈引起广大用户共鸣，用户自发参与讨论及转发，形成刷屏之势。截至 2021 年 3 月 8 日，视频在朋友圈的点赞量达 10 万＋，转发量 10 万＋（图 17-7）。在微博上，该视频转评赞数据突破 13 万。截至 3 月 9 日 19 点，珀莱雅"性别不是边界线，偏见才是"品牌片在朋友圈的转发量和点赞量分别达到 17.1 万和21.6 万。

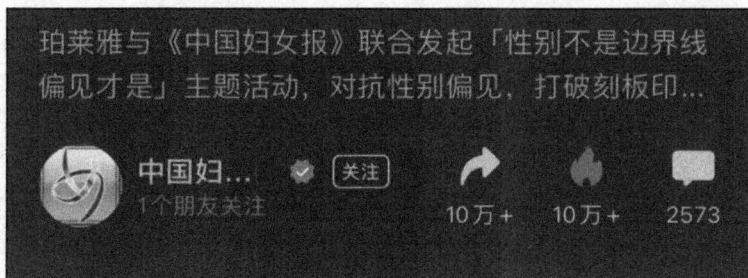

珀莱雅与《中国妇女报》联合发起「性别不是边界线 偏见才是」主题活动，对抗性别偏见，打破刻板印...

中国妇...
1个朋友关注 关注

10万+   10万+   2573

图17-7 话题热度

当天微博上＃性别不是边界线，偏见才是＃话题页阅读量破 1.1 亿，讨论量 9.1 万；李银河老师、奇葩说辩手席瑞、萝贝贝等 KOL 也都参与了话题讨论；品牌短片总观看量破千万。众多广告营销类公众号自发报道案例，包括 Social Beta、数英网、梅花网等。

截至 3 月 16 日，此视频总播放量超 2500 万，微博话题页阅读量 1.5 亿，讨论超 10.3 万，传播长尾影响显著。

7 月，此案例被 Social Beta 评为 "2021 上半年女性营销十大案例" 之一。

第18章 方太2021天猫超级品牌日×618 整合传播方案

广告主（品牌）名称：方太

案例策划、制作单位名称：SG 胜加

案例实施时间：2021 年 5 月 10 日～6 月 18 日

一、实施背景

现如今，代言人不仅是品牌带货的途径、宣传的窗口，还能够引导品牌联想，丰富品牌形象识别系统。目前，方太的目标市场选择侧重于市场专业化策略，专注于一类消费者开发不同的厨电产品。这样的定位方式比较精准且有助于方太专注产品研发，但也造成了方太在一众竞争者中缺少差异化产品的局面。在产品和服务日趋完善的今天，如何在一众厨电品牌中找到并放大自己的不同是方太需要考虑的问题。产品、服务的差距难以拉开，品牌可以适当寻求其他标签，在品牌形象上与其他品牌塑造差异。2021 年中方太选择的是"国货＋创新科技＋形象鲜明代言人"的组合拳。

二、市场调研

1. 目标市场

方太的品牌定位一直很明确，高端厨电品牌。这就意味着方太的消费者的消费水平较高，且有家庭或者伴侣的人士占据很大比例。然而随着社会文化的变迁，独居风尚兴起，千禧一代、Z 世代年纪增长和消费能力提高，家电产品的消费者也面临着更新换代。

与他们的父辈相比，Z世代的消费观显得有些扑朔迷离。在多样化的社会趋势下，Z世代青年们表现出更强的个性。他们追求性价比，却也重视品牌；注重消费体验，在意产品颜值，同时不放过产品质量；他们谙熟社交媒体，熟悉各种营销手段，却也容易迷恋某个明星KOL的号召力。他们追求个性、创新和自我表达，认可独特有态度的事物。对于方太而言，如何抓住这样一群消费者的心同时保持品牌调性是值得思考的问题。

从大环境看，创新力是目前我国目前社会倡导的重中之重，从"中国制造"到"中国创造"，形成中国创新自主驱动力，以方太为代表的本土创新科技品牌责无旁贷。

另外，随着国内电商日趋壮大，新零售发展如火如荼，每年"618""双十一"等电商平台的年中、年末大促已经成了品牌的兵家必争之地，在这其中线上营销、直播带货等也成为必不可少的营销手段。2021年5～6月，五四青年节、母亲节、天猫超级品牌日、"520"、儿童节、端午节、"618"年中大促等，活动不可谓不丰富，相信随之而来的销量也不可谓不可观。

2.品牌背景

方太集团创建于1996年，中国本土厨电品牌，以智能厨电为核心业务，属于在国内厨电品牌中知名度很高的领导者品牌。

目前，方太在我国厨电产品市场的消毒柜、抽油烟机、洗碗机、燃气灶等领域市场占有率稳居前三，同时掌握超4100件授权专利，超580件发明专利，是国家知识产权局评选出的第一批国家级知识产权示范企业，获得过iF大奖和红点大奖等超过50项国际设计大奖，厨电领军品牌实至名归。

在企业文化方面，方太表现出极高的重视，口号响亮而颇显野心。方太一直十分重视企业文化的树立与宣传，宣扬"人品、企品、产品三品合一"的企业核心价值观，以"为了亿万家庭的幸福"为企业使命，认为不仅要为人们提供高品质的产品和服务，更要打造健康环保有品位有文化的生活方式，致力于成为中国人的幸福生活解决方案提供商。

三、营销目标

奠定方太高端国产创新科技厨电品牌的地位，塑造与竞争品牌的差异化形象。保持方太高端厨电的品牌调性，同时放大营销活动影响力。在"618"系列活动中促进产品销量。

四、创意核心

主题方面，本次方太的营销活动延续一贯的"抢先一步"。不再聚焦宣传产品性能，转而以"创新科技"为主题，从社会责任和品牌精神层面表达品牌形象，抢先一步占据本土创新科技品牌高地。

形式上，方太此次将携手多个本土科技创新代表品牌，展开营销活动。活动中方太不仅在知乎发起话题讨论，还史无前例地官宣了全球代言人。

广告内容上，拍摄创意大片《野马》（图18-1）。还是由胜加操刀，虽然依旧强调情感共鸣与戏剧张力，但方太此次的广告视频风格与以往的温情故事路线截然不同。《野马》中不存在叙事，以简洁的布景，超现实主义风格的表现形式，配合代言人情感丰满、掷地有声的读白，黑红白色调的冲击力，蒙太奇混剪，给人以强烈的视觉冲击和精神共鸣，充满呼应主题的创新科技感。影片将科技比作野马，将创新科技企业比作拉着缰绳的人，探讨如何更好地利用科技造福人们生活的议题。

"五问创新"创意海报。简洁而直白的海报表现风格，以《野马》大片中的一幕为背景，灰蓝色的简洁色调，超现实主义的布景，硕大的斜体文字居中提出问题，一针见血，针砭时弊。

视频与海报具备震撼性、关注性、独创性、简洁性的广告创意原则，且表现出强烈的情感共鸣。

图18-1　《野马》

五、表现形式

1. 创意视频

发布两位代言人合作拍摄的《野马》品牌大片，在片中探讨"创新科技"点题。在微博、微信、小红书等新媒体平台，央视，及全国线下商场等公共场所放映，曝光量达万亿级。

2. 品牌联动

方太联合大疆、科大讯飞等本土科技创新品牌在知乎发起"五问创新"科技疑惑问答（图18-2），邀请万千时代前行者一起冷思考。邀请两位代言人拍摄视频，探讨他们的创新法则。同时邀请微博网友评论自己的创新观。吸引万兴科技等一众品牌参与讨论，并转发扩散。5月30日中国第五个"全国科技工作者日"方太总结"五问创新"下的观点，将其划分为"科研之声""企业之思""大众之声""媒体之观"四个部分，分别从科研工作者、科技创新企业、大众和媒体四个角度回答了"五问创新"。

图18-2　知乎"五问创新"问答

3. 事件营销

　　强势官宣陈坤、周冬雨两位代言人，微博引爆话题＃陈坤周冬雨代言方太＃、方太＃每一步都是实力＃。邀请微博网友有奖互动（图18-3），打卡方太线下门店代言人物料发布原创微博带话题＃陈坤周冬雨代言方太＃赢取代言人周边好礼。持续营销广告大片的内容，号召微博网友持续赞转

图18-3　话题互动

评，陆续解锁周边花絮，带＃陈坤伯爵风大片＃、＃周冬雨上班日记＃、＃陈坤走路气场＃、＃周冬雨飒气十足＃等话题，同时邀请微博网友有奖互动，带话题转发微博解锁代言人独家壁纸。代言人广告霸屏全国各大商场、机场、高铁站、高铁线路。官方记录现场实时情况，发布剪辑。

六、传播策略（媒介策略）

使用网络媒介，通过微博、微信、小红书、支护等社交平台进行传播。

5.10～5.12微博陆续发布两位代言人剪影海报，开启有奖竞猜活动，为官宣代言人造势。

5.13～5.18官方微信公众号、官方微博、小红书账号同步官宣代言人，发布品牌大片《野马》，造势微博话题＃陈坤周冬雨代言方太＃。并持续营销＃陈坤周冬雨代言方太＃话题，陆续推进周边活动，保持事件讨论度。

5.18～5.30方太×知乎"五问创新"，联合大疆、科大讯飞等本土科技创新品牌科技疑惑问答，邀请万千时代前行者一起冷思考。于5月30日"全国科技工作者日"总结观点，发表文章《一场创新科技的全民思辨》向中国一亿创新科技工作者致敬。

5.31～6.18"618"大促拉开帷幕，设置一系列促销活动，预计多次登陆淘宝直播间，流量变现。

七、整体预算

整体预算以陈坤、周冬雨两位明星的广告费、代言费为主，其次为户外媒体各大商场、机场、高铁站、高铁线路的广告费用以及利用网络渠道宣传，最后是微博、微信、小红书、知乎等投放的费用。

八、效果评估

据微博后台数据显示，"五问创新"引发创新科技探讨的涟漪效应，话题冲上知乎热榜，多家代表企业参与其中，全网 2398 万人围观，2277 人提交了自己的回答。

#陈坤周冬雨代言方太#话题阅读量达 2.3 亿次，讨论次数 6.1 万（图 18-4）。

#陈坤方太品牌全球代言人#话题阅读量 355.5 万，讨论次数 3774 次。

#周冬雨代言方太#话题阅读量 1084.6 万，讨论数 7790 次。

#我家厨房有方太#晒单赢陈坤线下粉丝见面会活动阅读量 22.6 万，但讨论次数只有 50 次，原创人数仅 10 人。

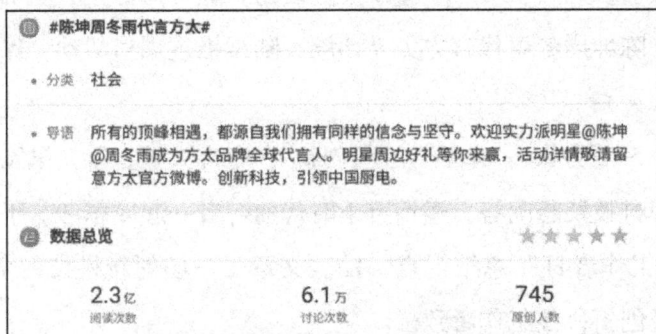

图18-4　微博数据

自活动以来，以陈坤推荐为主的烟机灶具套装月销常维持在 2000+ 左右，以周冬雨推荐为主的洗碗机套装月销最高 500+。

第 19 章　王饱饱燕麦片整合营销传播方案

广告主（品牌）名称：王饱饱

案例策划、制作单位名称：王饱饱

案例实施时间：2019 年 2 月～2020 年 2 月

一、实施背景

燕麦片的重要属性之一体现为一种富含营养价值的粗粮，都有强调突出中老年人的标签。但这种相对固化的市场环境，并不能完全满足到新的消费需求。

如今方便速食的市场空间有了明显增长。另外，年轻女性追求美食的同时对其健康属性的要求也越来越高，"好吃怕胖"成为一个普遍痛点。王饱饱创立之时（2017 年），市场主流麦片是以桂格、雀巢等为代表的西式冲泡燕麦，低脂高纤维但在年轻人群中接受度较低；另一类新式麦片则是以卡乐比为代表的膨化麦片，口感松脆，但因膨化和添加剂等原因在近几年开始被认为不够健康。

健康食品是用户的刚需，也是当下的潮流。把健康的食品做得好吃好看，可以进一步满足他们更高的心理诉求——幸福感和满足感。当下的年轻白领以及运动健身的人群，对于更便利的主食替代产品同样是有需求的，但没有厂商或品牌来提供更好的产品来满足他们的需求。传统的燕麦巨头，例如西麦、桂格，它们的核心渠道是线下的连锁商超、大卖场。在营销环节，西麦在 2016～2018 年的营销广告费中 60% 用于促销，即卖场内的陈列费、进场费，买赠费用，返点费等，而广告宣传费仅占其中的10%。如此一来，无论是在渠道端还是在营销上，传统品牌都无法较好契合并触达到新的消费者。

二、市场调研

1. 目标市场

王饱饱将核心目标消费群体定为 18 ～ 35 岁的年轻女性。90、95 后年轻女性消费观念前卫，乐于尝试和接受新鲜事物。对于这样的消费群体，只要产品有特点、有实力、符合她们的胃口，就很容易被其接受。目标消费者经济独立、消费自由。因此在吃什么、怎么吃方面有很大的选择权，可以全凭个人喜好决定，易受环境影响，容易种草。目标消费者对追求美丽，更加关注产品的口感、健康。王饱饱用低温烘焙工艺，保证燕麦片的膳食纤维不被破坏的同时改善了口感，使用更符合现代人健康诉求的甜菊糖苷和低聚果糖；加入果干、酸奶干等配料丰富产品的口感和观感。新奇、健康好吃、高颜值的产品属性击中了年轻女性用户对食品"好吃不胖"的诉求。

2. 品牌背景

在王饱饱出现之前，国内燕麦市场的主流产品类别为快熟燕麦片（Quick Rolled Oats），与传统燕麦片相比，快熟燕麦片蒸得更透、压片更薄，质地更软，代表品牌为桂格的快熟燕麦片，西麦、皇室品牌亦属此类。即食燕麦片的产品虽有在各类代购、海淘等渠道出现，但市场上缺乏主导品牌，消费者对该品类的认知也尚浅。

国外市场存在各类花式麦片，其在保有燕麦基础营养要素的前提下，通过添加各类水果、坚果等来丰富产品口感与价值，并且依据不同的加工工艺还可以进一步细分产品类别。以什锦麦片为例，根据是否经过烘焙就有 Muesli 和 Granola 两大类型，其中的网红品牌 ICA 曾在海淘代购的推动下在国内市场也流行过。

在这种背景下，王饱饱通过对 Granola 麦片进行微创新，开辟出全新的健康食品定位，采用低温原粒烘焙工艺，瞄准没有强势竞争对手的品类，一定程度上引领了国内麦片的分化趋势，成为新品类的代表品牌。本质上，王饱饱做的是燕麦片的增量市场，它是用一种在国内较为新颖的产品形态去契合新的细分人群的需求，而非去争夺桂格、西麦的消费者。

王饱饱的出现顺应了新需求所引发的品类分化，这是王饱饱在燕麦市场飞速发展的重要基础。

三、营销目标

与消费者建立连接、实施互动。向目标用户传递产品优势与价值，使消费者认同王饱饱的低温烘焙工艺的健康、有营养的属性。

提高知名度，在 2019 年"618"和"双十一"购物节中做到麦片类销量第一，"双十一"销售额突破 1000 万元。

四、创意核心

在社交媒体阶梯式种草，并借助 KOL 效应助力转化。

五、表现形式

据微播易调查数据显示，在 B 站从 2019 年 2 月开始，隔月会进行一次较大规模的投放，到 7 月之后逐步减少投放量，但投放一直没有间断，如图 19-1 所示。

抖音：2019 年 6 月，在王饱饱减少在 B 站上大规模投放之后，抖音成为一个重要的阵地。7 月是王饱饱在抖音上发力的一个月，其选择与 10 位 KOL 合作投放近 20 个视频。与抖音合作后，王饱饱将流量与销售额提升到另一个级别。

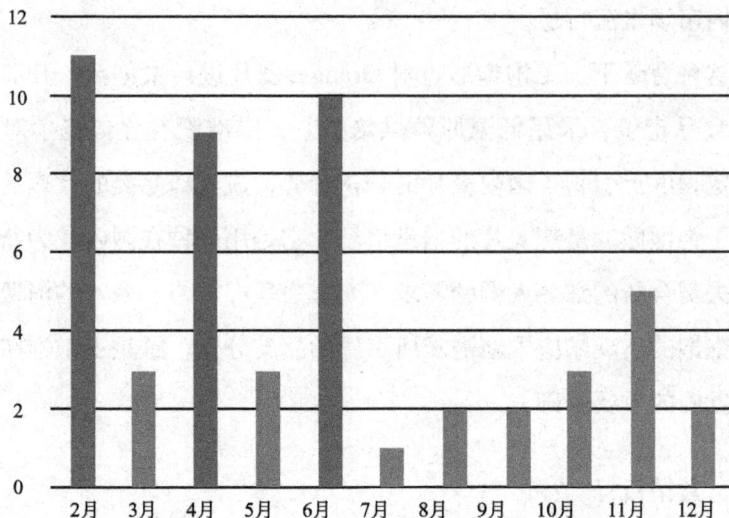

图19-1 2019.2～2019.12 B站投放KOL视频数

联名：初次联名是 2019 年 7 月与徐福记，之后则在 8 月、9 月接连与新兴的彩妆品牌"Hold Live"以及电影《攀登者》联名。王饱饱对联名的使用并不十分频繁，但相对集中，表现为一个周期比较高频。另外是对联名品牌的选择比较多元，包括食品品牌、电影、美妆品牌、餐饮品牌四类，其目标用户有相似性。

六、传播策略（媒介策略）

据微播易调查数据显示，王饱饱采用小红书、B 站等社交媒体为网络媒介进行传播，如图 19-2 所示。

王饱饱的做法是先做小红书、抖音等站外平台。在抖音、小红书等平台上主动投放，通过站外平台引流到天猫平台实现购买后，基于标签与用户画像数据，能大大提升日后品牌在站内做推广的效率。

把微博作为一个同步信息分享的平台，无论是上新、品牌联名，还是各类购物节的活动，甚至消费者的投诉与答疑，都可以在微博留言区得到回复。

B站平台的带货属性与基因会弱一些。但与其他平台不同的是，B站上的up主有着较强的内容制作能力与人设，他们与粉丝之间的黏性与信任度，可能是在其他平台上不具备。up主对粉丝潜移默化的影响，可能对未来潜在的、随机性的消费有所帮助。故王饱饱坚持在B站上持续投放。

抖音属于短视频，必须在短时间内快速地把产品引出来，并强化某些特征，所以在内容上会略显生硬。

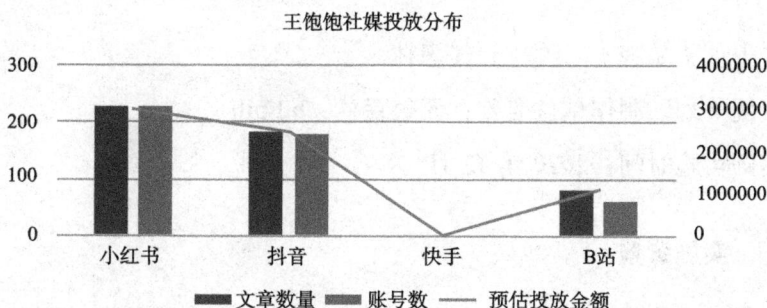

数据来源：微播易大数据中心，在微博、微信、小红书、抖音、快手、B站六大社媒平台抓取元王饱饱为关键词，对上万条投放数据进行统计及分析，2019.1.1～2020.12.31，以上结论为微播易根据社媒抓取数据结果推演而出，仅代表微播易单方预估推测，不作为官方认证数据。

图19-2　王饱饱社媒投放分布

七、整体预算

整个传播方案的预算包括利用网络渠道宣传，小红书、抖音、微博、B站等投放，联名费用。

八、效果评估

2019年11月历史性地实现了4000万元的销售额，远超2018年全年，并获得了2019天猫"双11"麦片品类TOP1的称号。

从2017年1月正式成立，至2021年，王饱饱销售额从2018年的1000万元左右增长到2019年的近2个亿。

第20章 元气森林×2020最美的夜bilibili晚会整合营销方案分析

广告主（品牌）名称：元气森林

案例策划、制作单位名称：元气森林、bilibili

案例实施时间：2020年12月

一、实施背景

2020年12月31日，元气森林首冠B站跨年晚会"2020最美的夜"，携手B站同当代新青年一起挥别2020，向2021发起挑战，喊出#敢不敢#的口号，折射出新时代下新青年勇于且乐于接受生活中各种挑战的态度，传递给品质生活下的"新青年"不仅好喝和健康的概念，还有面对生活的挑战元气满满的力量。

二、市场调研

1. 目标市场

市场细分：0糖健康的饮料。

人群细分：追求健康生活理念，渴望减糖减脂的年轻人。

现代年轻人渴求通过更健康更自律的生活方式改变现状，在运动APP上打卡健身、保持早睡早起的良好作息，但相比起这些，控制一杯饮料的甜度、从食物中减少明确的卡路里摄入、拥有健康的饮食习惯，执行成本要低得太多。

在小红书上搜索"控糖""无糖",分别有超过 8 万篇和 36 万篇分享相关科普和推荐无糖食品。尼尔森报告显示,41% 消费者想要含糖较少的零食。很显然,"控糖"已经成为一种大众表达健康生活方式的新潮流。

元气森林正是牢牢抓住了这种健康需求,锚定细分人群和细分品类发力,以独特的故事和理念推出 0 糖健康的饮料,以"无糖"理念迅速崛起的元气森林 4 年估值 140 亿元,在饮料行业掀起一阵减糖风潮。

2. 品牌背景

元气森林成立于 2016 年,以用户至上为品牌理念,在注意到现代消费者越来越注重养生健康的趋势后,主打"气泡水 + 无糖",采用赤藓糖醇、三氯蔗糖两种甜味剂来替代糖,开发出了以"0 糖、0 脂、0 卡"为理念的元气森林无糖气泡水,在重视健康养生的同时,满足了年轻消费者追求刺激、强调口感、热衷于潮流与高颜值的诸多需求,打造出了出适合这个时代年轻人健康养生的饮品,成功成为爆款,在强者林立的饮料赛道杀出重围,成功在无糖领域先下一城,成为无糖饮料的代表饮品。

三、营销目标

基于前期市场调研,对元气森林进行 SWOT 分析,如表 20-1 所示。

表20-1　元气森林SWOT分析

优势:	劣势:
1. 品牌差异化定位清晰,以无糖健康理念,在饮料领域杀出重围	1. 在同类产品中价格偏贵
2. 日系包装	2. 日系包装在吸引人的同时也引发了"伪日货""抄袭"的舆论
3. 大量推广营销带来强曝光度	

续表

机会： 1. 健康养生趋势下，人们对无糖饮料的诉求特别强，无糖饮料领域处于朝阳行业，发展前景良好 2. 无糖饮料产业领域变得更加开阔，多样化，同类竞争产品能提供很多经验，帮助产品不断迭代升级	威胁： 1. 赤藓糖醇不是公司专利，无糖气泡水的进入门槛也较低，其他饮品企业想要推出相关产品并不困难 2. 产业急需升级。赤藓糖醇+三氯蔗糖的代糖组合，引发诸多质疑。无糖与健康无法同时兼顾

由此可见，在行业前景良好，用户需求强烈的背景下，元气森林应坚持用户第一的理念，打造最懂年轻人的产品，发挥自己无糖领域代表品牌的优势，以价格差异化展现高品质特点，吸取竞争产品的经验，帮助产品不断迭代升级，避免被越加激烈的竞争所淘汰，在原材料上也要不断改进，避免在越加注重健康的未来为人诟病，兼顾无糖与健康。

因此，本次营销整合方案目标为：提升品牌形象，提高过年期间的销量。

四、创意核心

本次营销活动通过聚焦在年轻人聚集的 B 站上，喊出 # 敢不敢 # 的口号，折射出新时代下新青年勇于且乐于接受生活中各种挑战的态度，表达元气森林高品质健康生活的理念和像年轻人一样敢于面对生活挑战的正能量，收获品牌好感。

五、表现形式

1. 短片预热

B 站发布广告短片"你敢不敢"，如图 20-1 所示。广告以孩童视角讲述了人们眼中的伟人在成功之前也经历过无数次迷茫和怯懦，但不甘于眼前，不畏惧挑战的勇敢和执着成为奠定最后成功的基石：1990年5月15日，凡·高的《加歇医生像》在纽约克里斯蒂拍卖行在3分钟内以8250万美元的价格拍卖给了日本第二大造纸商，创下了当时艺术品拍卖价格的世界最高纪录，稳坐世界最昂贵艺术品宝座长达14年之久。而在这之前，年轻的凡·高经历了十年的空窗期才卖出自己的第一幅作品。爱迪生成功研发出世界上第一个实用电灯之前失败了1599次。2019年，张伟丽卫冕UFC中国首位冠军之前也曾无数次被击倒。短片展现了新时代新青年热爱生活、勇于挑战的特点，传达出积极生活、不畏挑战的理念。

图20-1 "你敢不敢"

2. 冠名B站跨年晚会

晚会预热内容共创：

预告片共创植入元气售卖机（图20-2），为2020注入元气，预埋品牌理念。

幕后纪录片共创元气内容，紧扣主题，传递品牌精神。定制番外《散人戏说》（图20-3），戏曲大师裴继戎与逍遥散人带你走进元气世界。定制小剧场up主跨时空对话，诠释元气新青年破土而出。

图20-2　元气售卖机

图20-3　《散人戏说》

晚会节目内容共创：

定制说唱节目《今天要做元气er》腾格尔携手《说唱新时代》选手唱响0糖0脂0卡元气态度（图20-4）。品牌专区联合彩虹合唱团口播，鼓励观众元气满满、不惧挑战、迎接新年。

跨年场景全包围，多界面全面推广，承包晚会仪式感，品牌抽奖不断刷屏。#破土而出元气新生#借势晚会IP，发酵品牌话题。延续预告片元气森林贩卖机故事搭建活动，号召用户参与满满元气。

3. 晚会回顾，up主发布创意玩梗视频

运用B站经典元素：诸葛村夫、唐伯虎点秋香、一键三连、下次一定、罗翔说法、千层饼预判、课代表、凡尔赛等，充满趣味特色，深刻融入新时代年轻人，与新青年一同玩梗，提高品牌好感度（图20-5）。

图20-4　说唱节目《今天要做元气er》

图20-5　B站玩梗视频

六、传播策略（媒介策略）

采用网络媒介进行宣传，主要集中在一些线上 APP，例如 B 站和微博。

七、整体预算

整体预算包括利用网络渠道宣传，微博、B 站、线上 APP 等投放费用。

八、效果评估

#2020 最美的夜 #B 站跨年晚会直播峰值 2.52 亿 +，点击播放量 1.4 亿 +。

B 站话题 # 破土而出元气新生 # 浏览共计 131.2 万，讨论 6409。

微博话题 #2020 最美的夜 # 阅读 10.3 亿，讨论 115.8 万；# 元气森林破土而出 # 阅读 2277.6 万，讨论 3.1 万；#2021 元气 er 支棱起来 # 阅读 5666.6 万，讨论 6955；# 腾格尔竟然唱了首广告 # 阅读 1149.6 万，讨论 674。

第21章 美团"小耳朵"活动营销整合案例分析

广告主（品牌）名称：美团

案例策划、制作单位名称：美团

案例实施时间：2021年1月

一、实施背景

2010年3月4日，美团网成立，并于2015年与大众点评合并，后更名为美团点评。从2019年全年收入（表21-1）来看，美团点评主要分为三大业务板块：餐饮外卖业务、酒店及旅游业务和新业务，营收贡献分别约为548亿元、223亿元、204亿元。美团外卖营业额占其总营业额的56%，占其业务生态至关重要的地位。三大板块营收见表21-1。尽管新业务增长

表21-1 美团点评营业收入对比一览表

	2019 年 12 月 31 日			2018 年 12 月 31 日		
	餐饮外卖	到店、酒旅	新业务	餐饮外卖	到店、酒旅	新业务
收入（千元）	54843205	22275472	20409854	38143083	15840361	11243834
毛利（千元）	10233188	19746355	2340845	5268197	14095355	4258594
毛利率（%）	18.7	88.6	11.5	13.8	89.0	37.9

亮眼，外卖业务仍然是美团主要营收来源和盈利贡献业务。同时，外卖业务的毛利率虽然较上年有所增长，但仍存在着毛利率较低、业务粗放单一等问题。

二、市场调研

1.目标市场

北京、上海、广州、深圳、杭州、成都、武汉七个一线城市里，喜欢喝奶茶的年轻消费群体。

2.品牌背景

美团网成立于 2010 年，创始人为王兴，其经营范围是网络购物，其宗旨是为消费者发现最值得信赖的商家，同时让消费者享受超低折扣的优质服务，上线以来发展迅速，和拉手网等团购网站竞争激励，成为国内主要团购网址的代表。美团网作为最早一批团购网站的代表，每天推出一单精品消费，包括餐厅、酒吧、KTV、SPA、美发店等，网友能够以低廉的价格进行团购并获得优惠券。每天团购一次，为消费者发现最值得信赖的商家，让消费者享受超低折扣的优质服务，给商家提供最大收益的互联网推广。

三、营销目标

在商业模式画布的基础上对"美团外卖"的商业模式进行剖析，如表 21-2 所示。

通过美团外卖发展现状及前期市场调研，确定本次营销活动目标为：

1.抓住年轻人的消费经济

美团外卖抓住当代年轻人的奶茶消费习惯，在北京、上海、广州、深圳、杭州、成都、武汉七大城市上线"小耳朵"奶茶，为本次营销活动选择了优良的市场。除了奶茶经济，网红经济和萌经济也同样齐头并进。美团外卖小耳朵奶茶的产品特点与属性与这三种经济实现高强度关联，为出圈营销埋下伏笔。

表21-2　美团外卖的商业模式剖析

重要伙伴： 投资主体 支付平台	关键业务： 外卖平台 物流配送	价值主张： 保证必尽责任 践行应尽责任 善尽愿尽责任	客户关系： 基于大数据 的客户管理	客户细分： 餐饮商家 在校学生 白领
	核心资源： 服务 技术 美团点评		渠道通路： 美团专送 美团众包	
成本结构： 骑手成本 运营成本 补贴		收入来源： 抽成 配送费 店铺竞价排名 红包广告		

2. 塑造品牌年轻化形象，贴近消费者

将"奶茶社交"与小耳朵奶茶活动结合，获得了一大批年轻消费者的关注。仅在国内7个城市上线的小耳朵奶茶，具有很高的稀缺性，也让消费者有了一定的炫耀和从众心理。据消费者反映，就算身在这七个城市，也很难点到小耳朵奶茶。所以能点到小耳朵奶茶的消费者，其大概率会自发通过社交平台分享拥有的喜悦，这些自发性的UGC内容，不仅让美团的专属标识进一步扩大，也让自身品牌IP拉近了与消费者的距离，与消费者建立了深厚的情感联系。美团外卖让小耳朵形象与商家特色完美融合，这种深度的联合营销模式，不仅为用户带来强强联合的印象，提升了消费者的参与度，而且商家还可依托美团外卖平台的投放的明星、KOL等媒体资源，让自身销量大幅提升，吸引到更多消费者对商家自身的关注。

3. 创造营销主阵地，有效传播

美团外卖对本次营销活动的传播，重点放在1月2～4日这三天，契合元旦期间亲朋好友、闺蜜聚会对奶茶需求变大的节点。众多明星资源集中对小耳朵奶茶进行传播，社群、小红书、抖音等不同领域KOL、KOC对小耳朵杯盖特点进行拍照集中推荐，带动了年轻消费者的跟进模仿。优质的营销节点与有节奏、有重点的传播计划，善用平台优势，为小耳朵奶茶带来了极大的关注度。

4. 持续打造"袋鼠耳朵"IP形象

美团外卖本次小耳朵奶茶的营销，不仅让消费者享受到优秀的IP产品，还让商家的销售额实现显著增长，美团外卖也因本次营销拉近了自身与消费者的距离，提升了品牌价值，持续打造了"袋鼠耳朵"这一品牌IP，为今后以IP营销赋能商家积累了经验。

四、创意核心

抓住奶茶热现象，利用"秋天第一杯奶茶"热梗进行即时营销。并且从小哥的耳朵到给消费者奶茶的小耳朵杯盖，将袋鼠IP形象从To B做到To C。通过精准的营销策略，逐步塑造品牌年轻化形象，深受年轻人甚至更多大众群体的喜爱。

五、表现形式

先是从内部视角提前释出作为预热，由店员发布在自己社交平台引发网友好奇，累积大众兴趣点。随后，联动北京、上海、广州、深圳、成都、杭州、武汉七大城市热门奶茶商家同时发布，并从小红书、抖音、微博等平台多角度释出内容，扩大营销影响力。同时用限城市、限品牌、限量限时的方式制造饥饿营销稀缺感。

主要营销阵地集中在小红书、抖音和微博。善于利用营销平台优势，通过有效营销方式完成整个营销推广的闭环，逐渐扩大和发酵"小耳朵奶茶"的影响力。

六、传播策略（媒介策略）

利用网络媒体进行营销传播。

1. 小红书——高颜值打卡照

通过不同类型的 KOL 抢先释出，用好物推荐、萌宠、新年大片、种草攻略等不同内容方法突出小耳朵杯盖的萌点，引发网友关注打卡并成功激发 UGC。

2. 抖音——将小耳朵奶茶场景化

美团外卖抖音官方和联合奶茶品牌抖音官方发布"小耳朵奶茶"视频，同时通过萌宠、闺蜜、情侣、搞怪、老人、帅哥、新年第一杯奶茶等不同的热门方向将小耳朵奶茶场景化，逐渐营销全民小耳朵奶茶的网红热度。

3. 微博——明星效应

首先通过大张伟、李诚儒艺人官方合作，用艺人当下最热梗拍摄符合年轻消费者心智的推广片，如用到李诚儒老师的"如坐针毡，如鲠在喉"，以及大张伟通过"营销鬼才"方式推荐"小耳朵"奶茶，在微博上引发新一波热点话题。

同时，人气高涨的小耳朵奶茶也引发更多艺人青睐。艾福杰尼在《追光吧！哥哥》播出前热点时段发布微博中发现"小耳朵"身影。粉丝赠送"小耳朵奶茶"给张萌，引发#张萌霸气转账粉丝#热搜事件，该话题登上微博热搜娱乐榜 TOP4，抖音热搜 TOP15。

同样非常注重粉丝互动部分，引发大张伟、艾福杰尼、张萌粉丝纷纷在微博模仿偶像动作，并积极自发参与购买小耳朵奶茶，真正在消费目标群中引发热潮。

七、整体预算

本次营销活动整体预算以推广费为主，包括小红书、抖音、微博等社交媒体推广工作，联合明星以及 KOL 进行推广；其次为"小耳朵"杯盖的材料制作费用。

八、效果评估

美团外卖通过小耳朵奶茶，在微博、抖音、小红书等社交媒体完成了一场全网营销，而这全网的营销流量为赋能商家提供了重要基础。美团外卖本次小耳朵奶茶的营销，不仅让消费者享受到优秀的 IP 产品，还让商家的销售额实现显著增长，美团外卖也因本次营销拉近了自身与消费者的距离，提升了品牌价值，持续打造"袋鼠耳朵"这一品牌 IP，为今后的以 IP 营销赋能商家积累了经验。

第 22 章 《乘风破浪的姐姐》整合传播方案

广告主（品牌）名称：芒果 TV

案例策划、制作单位名称：芒果 TV

案例实施时间：2020 年 6 月

一、实施背景

2018 年以来，我国青春偶像类选秀综艺节目大火。从前的"快男""超女"等全民参与选秀投票的综艺节目也曾收获很高的关注度。由此可见，观众在选秀类节目上的关注热度不减。而近年来我国综艺节目多为引进和模仿，改版上也一直受到诟病。选秀类综艺节目更是因为选手人气高水平低引起各种舆论风波。2019 年至 2020 年，我国选秀节目选手都为年轻的男孩女孩，30 岁以上的女性对年龄的焦虑感一直没有被节目所发掘。

二、市场调研

1. 目标市场

30+ 的都市女性随着岁月的流逝，原本拥有的年轻、美貌等优势逐渐丧失，还面临着来自家庭、工作和身体等各方面的挑战，和这个时代对于女性承担多重角色的要求，她们会变得焦虑、无所适从。她们想要摆脱世俗的固有评判，她们想要不断突破、挑战自己，想要以一种更加闪耀的方式凸显自己的个性。广大 30+ 女性群体需要一些女性榜样力量，为她们注入强心剂，以十足的信心和勇气迎面充满挑战的世界，随时准备完成自我蜕变。

2. 品牌背景

芒果 TV 上线于 2014 年 4 月，是以视听互动为核心，融网络特色与电视特色于一体，实现"多屏合一"独播、跨屏、自制的新媒体视听综合传播服务平台，同时也是湖南广电旗下唯一互联网视频平台。2017 年，芒果 TV 扭亏为盈，率先实现中国视频行业盈利 4.89 亿元。2018 年 6 月，快乐购（300413.SZ）重大资产重组正式获批，芒果 TV 作为湖南广电"双核驱动"战略主体之一，与芒果互娱、天娱传媒、芒果影视、芒果娱乐四家公司整体打包注入快乐购，正式成为国内 A 股首家国有控股的视频平台；同年 7 月，快乐购正式更名"芒果超媒"。芒果 TV 由湖南快乐阳光互动娱乐传媒有限公司（简称"快乐阳光"）负责具体运营，连续五年获评中国互联网企业百强，连续四年获评世界媒体五百强。

三、营销目标

以新颖的原创内容吸引观众，打造专属《乘风破浪的姐姐》IP；提升价值，吸引投资，实现高额盈利；品牌营销与正向价值传递。

四、创意核心

抓住市场空缺，聚焦 30+ 女性，击中女性情感。深挖用户痛点，聚焦 30+ 的女性，放大她们身上的闪光点，向受众展现了一种 30+ 女性理想的生活状态。让年龄不再是局限，只要敢闯敢拼，追梦永远不晚。引发 30+ 女性的情感共鸣。

利用参与嘉宾的自带流量和节目宣传吸引观众。对 30 位姐姐的性格及职业背景进行了合理搭配，让观众感受到，虽然都是姐姐，但是她们有不同的性格特征、造型风格、价值观念和兴趣爱好，各自的标签也不尽相同，这一点也大大地扩大了受众的辐射面。无论是什么年龄层的观众，都能寻找到自己喜欢的类型。

这些人都有自己固定的粉丝和流量，因而节目组在聚集了 30 位姐姐之后，自然会具有一定的粉丝和流量基础，相关话题在微博上也容易引起路人的热议和关注。

五、表现形式

1.制造冲突引起话题（图 22-1）

综艺节目想要出彩，必须制造出冲突。节目播出后，吃瓜网友们还没等到姐姐们的冲突，却与评审团产生了强烈的冲突。比如在第一期的舞台初测评时，大家都觉得表演的不错的节目，却被女团经理人杜华频频打出了低分，甚至还评价专业歌手丁当"唱得太好了就会显得别人太差了，所以放到团里面的话反而是不和谐的"，此言论更是惊呆一众网友，话题热度随之而来。

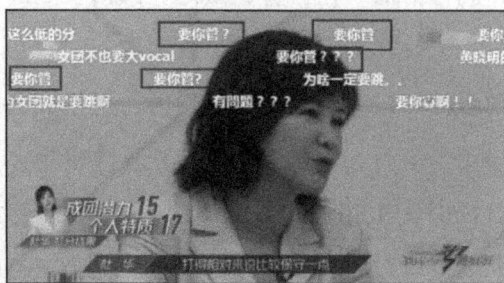

图22-1　制造冲突

2.持续输出"高能"时刻，增强用户忠诚度

综艺节目一般是周播，且一季节目只能播出 12 集。为了在一周之内维持较高的活跃度、留住观众，调动观众的激情，需要节目内容不断输出"高能"时刻。比如在《乘风破浪的姐姐》播出第一集时，就把姐姐的备

采花絮剪进了正片当中，而姐姐们也是毫不客气，金句频出，比如在做自我介绍时，宁静姐姐的"还要介绍我是谁，那我这几十年白干了，不知道我是谁"；伊能静姐姐的"为了我配合我一下，别让我配合你们"；张雨绮姐姐的"我没有油，那是高光，你不太懂"……

3. 价值观引起共鸣

《乘风破浪的姐姐》的这档节目在娱乐大众的同时，聚焦 30+ 女艺人的处境，虽然婚姻、家庭、孩子都会成为女性的一种牵挂，但我们坚持认为"自律""改变"才是女性不断成长、不断散发魅力的真正状态，这也是《乘风破浪的姐姐》这个节目向我们传递的价值观。节目激起了女性 30 岁之后的勇气和梦想，更是唤醒了网友们的共鸣，很多人在看到这群姐姐们的状态后表示自己好像不是那么怕变老了，年龄就是数字而已。

六、传播策略（媒介策略）

采用网络媒介进行传播，在抖音、微博、微信、豆瓣、知乎、小红书等平台同步宣传。

通过多媒体融合的方式，扩大节目影响力，姐姐们会通过自己各个媒体平台的私人账号宣传节目，官微和芒果 TV 官微也会在微博上发布关于姐姐的独家视频，同时配上相关的微博话题，扩大影响力、增加关注度，潜移默化中收获大批粉丝和流量。当然，姐姐们也会在自己的微博或超话中与粉丝实时互动，打破了时间和空间的限制，在节目播出期间为各平台增加用户，提升用户黏性。

七、整体预算

整体预算包括节目策划、舞台设计、明星出场费、网络媒体的投放。

八、效果评估

据艾媒咨询 2020 年中国网络综艺行业热点及平台发展分析报告显示，2020 年 6 月 12 日，《乘风破浪的姐姐》上线仅 10 分钟，播放量就达到 1000 万以上，12 小时的播放量达到 1.4 亿，引发粉丝狂欢，股票上涨，收入暴增。节目播出到现在，话题阅读量达百亿以上，总播放量超 50 亿次，豆瓣评分达到 8.6 分（图 22-2）。

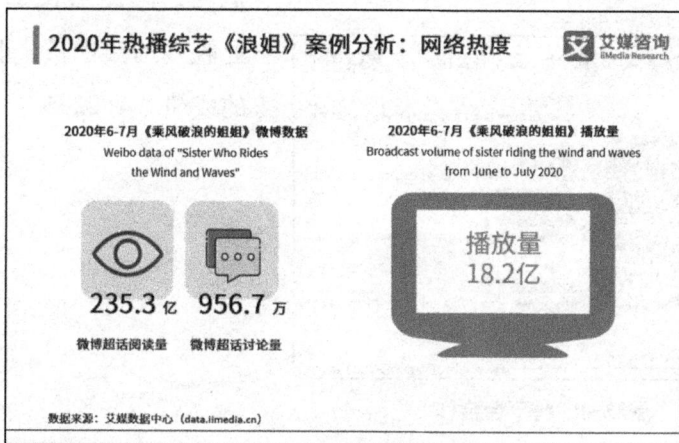

图22-2 网络热度

《乘风破浪的姐姐》的热度吸引了各大品牌主的参与。这档女团综艺获得了 17 个品牌商的赞助，其行业范围覆盖美妆、乳业、手机、食品、游戏等。其中总冠名商梵蜜琳获得了最多曝光度（图 22-3）。

《乘风破浪的姐姐》引流及变现效果很明显，带动 IP 发展，并由其他方式变现，主要有广告赞助收入、直播带货、会员收入以及与抖音平台进行"姐选好物"的合作（图 22-4）。

12 日开播当日，芒果超媒股价大涨，股价报 56.39 元，涨幅达 6.82%。截至 2020 年 7 月 10 日，芒果超媒的市值逼近 1300 亿元。

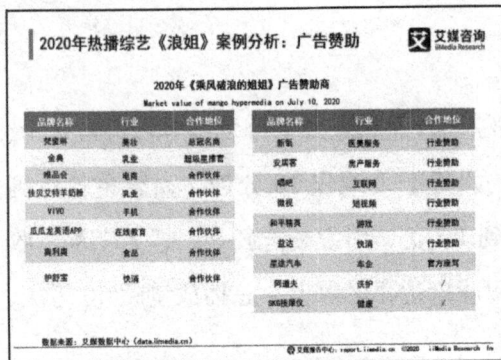

图22-3 广告赞助

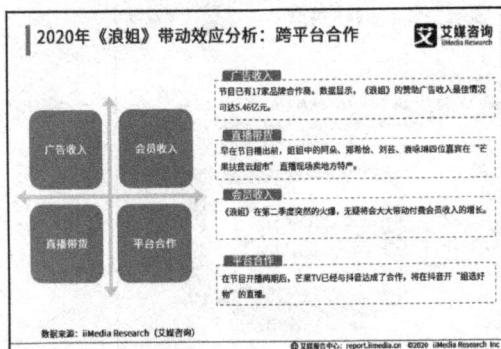

图22-4 跨平台合作

在《乘风破浪的姐姐》的高热度带动下，芒果TV所属股票芒果超媒的市值大幅飙升，突破1000亿元，公司实现营业收入57.74亿元，同比增长4.9%；实现归属于上市公司股东的净利润11.03亿元，同比增长37.3%。营业收入迅猛增长，取得不菲的成绩（图22-5）。

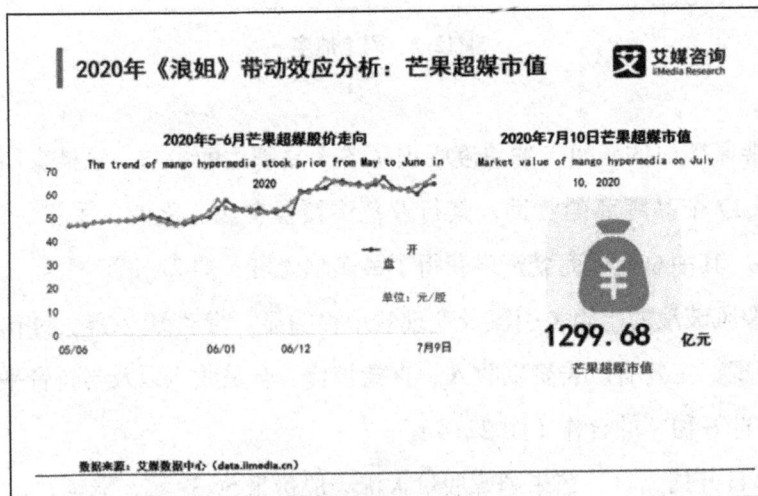

图22-5 芒果超媒市值

第23章 摩尔庄园情怀营销整合案例分析

广告主（品牌）名称：摩尔庄园

案例策划、制作单位名称：淘米游戏

案例实施时间：2021 年 4 ～ 6 月

一、实施背景

《摩尔庄园》最初是由淘米游戏制作的社区养成类网页游戏，2008 年上线，吸引了大量儿童玩家。2009 年北京商报《儿童社交网站"摩尔庄园"高调宣布盈利》（图 23-1）一文称"摩尔庄园注册用户高达 5000 万，这几乎相当于 2 亿中国儿童数量的 1/4。"

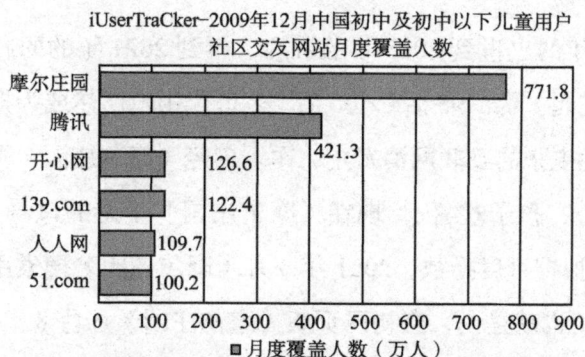

iUserTraCker-2009年12月中国初中及初中以下儿童用户
社区交友网站月度覆盖人数

Source iUserTracker家庭办公版2010.1，基于20万民家庭及办公（不含公共上网地点）样本网络行为长期监测数据获得。

©2010.3 iResearch Inc.　　　　　www.iresearch.com.cn

图23-1　北京商报《儿童社交网站"摩尔庄园"高调宣布盈利》

随着《摩尔庄园》的老玩家们逐渐步入初中和高中，再加上那几年像《弹弹堂》这样崇尚竞技的游戏频频出现，也抢占了新的低龄化市场。《摩尔庄园》的影响力也就越来越低，逐渐消失在我们的视野之中。

淘米也想过用衍生文化产品的方式曲线救国，拯救这个 IP，他们拍过三季的动画，也在 2011 年推出了《摩尔庄园：冰世纪》大电影，但还是没能激起多大的水花。所以，到 2015 年，《摩尔庄园》就不再更新了。

2019 年开发团队公布了《摩尔庄园》要出手游的消息，获得了较大的反响。在已经年久失修的页游网站上，大批成年人开始用各种手段找回自己当年的米米号，为了看看自己的拉姆怎么样了；疫情期间，在《摩尔庄园》里还有人自发地为受难同胞祈福和哀悼；甚至各大论坛也纷纷掀起了回忆当年在《摩尔庄园》里美好的热潮。消费者心中自发的情感无一不为情怀营销做了很好的铺垫。

二、市场调研

1. 目标市场

从 2008 年的出世到 2015 年的沉寂，再到 2021 年的回归，当初那批拥护《摩尔庄园》的"95 后""00 后"Z 世代用户已然成为拥有可支配收入、强烈个性主张的互联网消费主力军。曾经《摩尔庄园》页游的宣传语是"妈妈放心，孩子欢喜"，现在《摩尔庄园》手游的口号是"IP 回归，快乐养老"。根据百度指数，2021 年 4 月《摩尔庄园》搜索用户的平均年龄约 23.2 岁。也就是说，当初网页版《摩尔庄园》那些 8～19 岁的目标用户，在十年后转移成了手游版本的新用户。

Z 世代有着较强的消费能力和意愿，他们更愿意为自己的兴趣埋单。Quest Mobile 数据显示，2020 年 11 月，1995～2009 年出生、被称为 Z 世代的人群线上消费能力高于 200 元，消费意愿为中高层的人群占比高于全网平均水平。

《摩尔庄园》手游的目标用户不仅是情怀 IP 用户，也包括休闲泛用户。如今的年轻消费群体品牌忠诚度极低，玩家的情怀最多支持 1～2 周，通过情怀营销、热点话题，吸引真正热爱"家园经营"玩法的用户，才能推动游戏长线运营。

2. 品牌背景

2021《摩尔庄园》手游版于六一儿童节复古回归，以"模拟经营 + MMO+ 社交"为核心，为目标用户还原了一个相对完整的 3D 摩尔世界。开荒、种田、钓鱼、处理订单，当玩家掌握游戏的基本玩法后，便可选择农民、勤务员和厨师三个职业，通过种田、站岗和做饭来"谋生"。《摩尔庄园》是无数人儿时的集体回忆，有很大的群众基础，通过情怀营销、破次元合作等营销手段将 IP 话题升温，让越来越多的玩家开始关注并主动讨论《摩尔庄园》的回忆，让情怀传播的效应最大化，实现《摩尔庄园》手游版得以长久运营。

三、营销目标

手游市场群雄割据，IP 内容增出不穷，手游的生命周期越来越短。《摩尔庄园》希望能够在众多手游中脱颖而出，增加曝光量，争取尽可能多的 IP 情怀用户注册手游，给用户更好的体验感，提高用户黏性和忠诚度。同时不断提高游戏知名度，吸引更多核心用户注册，触达圈层，使摩尔文化沉淀，游戏得以长线运营。

四、创意核心

选择在特殊的时间节点——六一儿童节——回归，勾起成年人的儿时回忆，引起一股"复古游戏热潮"，吸引目标消费者。

五、表现形式

1. 前期：活动预热

该活动在《摩尔庄园》官网、B站直播间（图23-2）、百度搜索页面、各个手机应用商店开倒计时页面，在所有用户能够搜索到应用的位置，提醒用户上线时间。同时配以开园红包活动，在微博、抖音平台推广，推动该活动的传播度与参与度。

图23-2　《摩尔庄园》B站直播

在定档六一儿童节后，雷霆游戏针对目标用户聚集的圈层发起了集中"进攻"，5月在微博、B站等平台上发起高校"小摩尔舞蹈"活动征集，而配合舞蹈的曲子正是新裤子乐队《你要跳舞吗》。"老摩尔"们基本上都在上大学，故《摩尔庄园》将视角聚焦于大学生，在核心用户平台发起"小摩尔舞蹈"活动征集，号召多所高校参与其中，配上大学生喜爱的BGM《你要跳舞吗》跳起"摩尔舞蹈"，引起众人讨论围观，刺激IP核心用户感知。

2. 正式上线：唤起童年记忆

《摩尔庄园》选择了在六一儿童节上架，目的就是唤醒各位的童年记忆，起到了初步的造势作用。目标群体是10年前就开始接触摩尔庄园的老玩家，也就是今天的"95后"和"00后"，这两个年龄群体现在都已步入社会，或进入大学校园，在"佛系""躺平"文化风靡的今天，大家需要短暂的逃避现实生活，重新回归这类休闲游戏，享受简单放松的"佛系"生活。6月1日正式上线，借势儿童节掀起老玩家的儿时回忆，借情怀营销吸引其重新注册。

3.后期：话题传播，营销推广——大事件营销

摩尔庄园 × 草莓音乐节（图23-3）。

图23-3　南京草莓音乐节线下玩偶

《开园庆典大揭秘》情怀剧情视频推广（图23-4）。

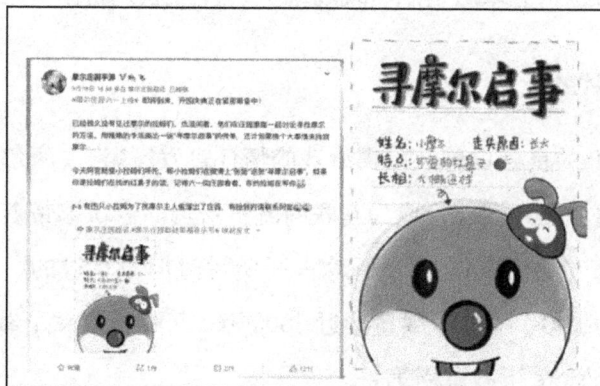

图23-4　《开园庆典大揭秘》情怀剧情

新裤子 × 拉姆乐队 live 秀（图 23-5）。

图23-5 新裤子×拉姆乐队

六、传播策略（媒介策略）

线上传播媒介为 B 站、微博、知乎等社交媒体。

线下传播媒介通过音乐节与品牌联动。

七、整体预算

整体预算包括以推广费为主，包括 B 站、微博、知乎等社交媒体推广工作；其次为音乐会乐队费用、现场维护、舞台道具制作费用。

八、效果评估

得益于 IP 的良好口碑及雷霆游戏的情怀宣发策略，《摩尔庄园》上线以来迅速穿透泛用户圈层，成为互联网流量新贵。老玩家带着一层情怀滤镜，美其名曰"追忆童年"；新玩家——听说过但没玩过的、跟风的、好奇的，也助力游戏。4 日下载量接近 3000 万。IOS 首日预下载已突破 200 万，达成 AppStore 下载总榜第一。

在近 3000 万玩家的热情与讨论下，微博、朋友圈、知乎、豆瓣……

几乎各个带点社交性质的平台，都被《摩尔庄园》相关话题所充斥着。据不完全统计，《摩尔庄园》手游上线首日微博话题阅读1.2亿，讨论3.4万。上线不到一个星期以来，已经上了近30次微博热搜，每次都有新花样（图23-6）。

# 摩尔庄园 #	50.7 万讨论	8.1 亿阅读
# 摩尔庄园手游 #	11.3 万讨论	2.7 亿阅读
# 为什么要伤害玩摩尔庄园的小朋友 #	7.2 万讨论	4.4 亿阅读
# 摩尔庄园菜谱 #	4.9 万讨论	7078.9 万阅读
# 摩尔庄园手游上线 #	4.8 万讨论	2 亿阅读
# 摩尔庄园回来了 #	3.9 万讨论	1 亿阅读
# 摩尔庄园加好友 #	3.9 万讨论	1.5 亿阅读
# 摩尔庄园迷惑行为 #	3.9 万讨论	1.7 亿阅读
# 在摩尔庄园不穿衣服被抓了 #	3.7 万讨论	3.5 亿阅读
# 因摩尔庄园分手了 #	3.6 万讨论	2.3 亿阅读
# 摩尔庄园下雨 #	3.4 万讨论	2.3 亿阅读
# 摩尔庄园烟花 #	3.2 万讨论	2.7 亿阅读
# 在摩尔庄园泡澡被偷窥 #	2.9 万讨论	1.8 亿阅读
# 建议不要沉迷摩尔庄园太久 #	2.7 万讨论	2 亿阅读
# 玩摩尔庄园能有多努力 #	2.6 万讨论	7312.9 万阅读
# 摩尔庄园渔网 #	2.4 万讨论	7870.8 万阅读
# 摩尔庄园如何防贼 #	2 万讨论	1.4 亿阅读
# 摩尔庄园的 bug 好好笑 #	1.8 万讨论	9760.1 万阅读
# 摩尔庄园的任务是不是发朋友圈 #	1.7 万讨论	1.7 亿阅读
# 摩尔庄园联动草莓音乐节 #	1.6 万讨论	1.3 亿阅读
# 玩摩尔庄园像是找了新工作 #	1.6 万讨论	1.3 亿阅读
# 摩尔庄园小镇 #	1.5 万讨论	5530 万阅读
# 摩尔庄园起名大赏 #	1.4 万讨论	820.7 万阅读
# 摩尔庄园偷牛 #	1.3 万讨论	1.1 亿阅读
# 摩尔庄园新裤子演唱会 #	1.3 万讨论	7832.2 万阅读
# 摩尔庄园河童 #	1 万讨论	2177.1 万阅读

图23-6　话题热度统计（资料来源：微博）

在趣味话题带来的大面积、高成效的社交裂变下，《摩尔庄园》手游接下来或许还将迎来更多新用户——它甚至因此被认为有机会接近《王者荣耀》的用户体量。

第 24 章　支付宝 2019 春节集五福整合营销方案

广告主（品牌）名称：支付宝

案例策划、制作单位名称：支付宝

案例实施时间：2019 年 1 月

一、实施背景

2016 年春节前夕，支付宝推出集五福分两亿现金的活动，掀起了全国人民集福分钱的热潮。

2017 年春节，支付宝延续了这一传统，与上年不同的是，全新的 AR 扫福字玩法借由微博资源形成病毒式传播，在一夜之间便引爆舆论。活动在微博上造成了空前的用户参与，微博上相关话题的阅读量均破亿，形成了现象级的社会讨论，堪称 2017 年春节第一热点营销事件，也让支付宝在手机支付市场众品牌中独占 2017 春节热议话题。

2018 年用户需要通过多种方式收集福卡，福卡分别是和谐福、爱国福、敬业福、友善福、富强福以及万能福卡，一共六种福卡。在活动中只需要集齐和谐福、爱国福、敬业福、友善福、富强福各一张即可兑换一份奖励，万能福卡则是可以转变成任何福卡，让用户在缺失一种福卡的情况下，依然可以获得奖励。

2019 年支付宝集五福活动的玩法。1 月 25 日开始启动扫五福，2019 年将保留大众熟悉的 AR 扫福、森林浇水和庄园喂小鸡得福卡的玩法。

二、市场调研

1. 目标市场

广大使用支付宝的消费者。

2. 品牌背景

支付宝集五福，是由支付宝举办的新春集五福活动。五福分别为爱国福、富强福、和谐福、友善福、敬业福。集齐五福可合成福卡，分取亿元现金。

三、营销目标

将支付宝集五福活动以品牌 IP 的形式打造出来，促进用户理解和传播；五福的设计通过"打破页面框架、3D 加强质感、突出关键元素"三大方法，让集五福的产品设计既有氛围，又得到品质和体验的提升。

四、创意核心

福文化是伴随着每一个中国人成长的文化，但许多中国人对福文化的含义和理解已经模糊，认为它很老土或过时。放眼全球，我们也没能让世界很好地理解福文化，影响了我们的文化自信。基于此，支付宝推出"五福四海，有你是福"的传播创意，让支付宝集五福的暖科技成为"全球华人新年俗"，并运用社会化运动的思维方式将传播力发挥到最大。通过文艺大电影、阿里经济体联动、品牌联合、跨界合作、媒体投放、五福相关话题和事件制造等大众喜闻乐见的方式，让五福在高举高打的同时，变得接地气和被群众喜闻乐见。从而唤醒每一位中国人和全世界对中国传统福文化的感知和理解，让"福"像圣诞树一样变成中国 Icon，被世界记住。

五、表现形式

1. 支付宝文艺大电影《七里地》（图 24-1）

从最具文化感的沟通方式——电影，去触达每个人内心对福文化的认同感。大电影《七里地》由许鞍华导演，春夏 & 金士杰联合出演。"从家到外面的世界有多远？只有七里路。时代变迁，只有'福'是心里不变的那份安定。"电影精髓"福到了，家就到了"也为集五福承载新年俗找到了情感支点。尽管形式在变，但情感不变。

图24-1 《七里地》

2. 品牌联动

（1）支付宝 × 淘宝心选。

支付宝与淘宝心选的跨界合作，让五福项目的文化意义获得认可，全民集五福热情更加高涨，收获媒体及消费者的双向好评。

中华五福筷：锅碗筷子蕴藏着衣食福气，支付宝联手淘宝心选打造了10万双福筷，福就藏在身边的一物一件里，一经上线即被抢光。

福筷文化海报：福文化的源远流长就在这一组海报里，一双福筷竟包含了邻里/长幼/孝心/礼仪等多重含义，五福文化的深刻内涵由此诠释给万千消费者。

筷乐福气学堂：传承传统文化，从娃娃抓起。五福文化创意物料落地淘宝心选亲橙里线下店。逛淘宝心选线下实体店，参与筷乐福气学堂，学习筷子文化，为孩子上最有意义的课，让中华五福文化更加深入 TA 内心。

（2）支付宝 ×KFC。

KFC 福气年俗店：北上深杭四城 KFC 被改造成福气年俗店，还原原汁原味的中国年俗，引发网友争相打卡讨论。

KFC 文房四宝：妙薯笔 / 金鸡墨 / 茄红纸 / 全福砚，KFC 用产品延展而成的文房四宝的脑洞创意吸引众网友体验写福字。

外国人写福挑战：传承传统文化，外国 KOL 到店体验写福，展露中西文化差异的奇妙碰撞，# 歪果仁画功 PK 中国书法 # 一度冲上微博热门话题。

（3）支付宝 × 可口可乐（图 24-2）。

五福主题定制瓶：可乐瓶身首次为支付宝五福开放合作，限量定制瓶成网红单品，一罐难求。

福娃专属微电影：可口可乐首次为五福独家定制"有你就是福"专属微电影，粉丝热议"原来你是这样的可乐，竟然这么懂中国福"。

图24-2　支付宝×可口可乐

行业深度分析解读：支付宝与可口可乐的红蓝 CP 合作，是基于双方对中国传统文化的理解和共识。

（4）支付宝 × 淘宝国朝。

国潮有福文创：福就是土和落伍吗？联手国潮，用时尚秀出"福文化"自信。共四个国潮品牌为"集五福"设计服饰周边。

首部五福国潮时尚大片：联手 Vogue 打造全家福时尚大片。五福产品经理冠华亲自出镜成最大看点，并登上时尚热搜榜前七。

扫冠华集五福：恶搞冠华五福时尚大片，病毒传播，为集五福再添热度。

六、传播策略（媒介策略）

支付宝集五福活动利用海内外多家媒体广告、微博话题等线上网络媒体进行宣传投放。

《七里地》影片上线后，十大阿里经济体联合助推，在海内外多家媒体广告进行广泛投放，包括虾米、淘票票、优酷、大麦、网易云音乐、Youtube 平台等。微信公众号文章引导舆论关注科技企业拍人文电影的深层洞察，折射出支付宝传承传统文化的价值主张。与此同时，用一系列维持用户兴趣的话题事件，微博 # 看完七里地好想回家 # # 扫片中福赢彩蛋 # 创意话题，让网民晒回家距离，成功带动 UGC，引发二次传播。

初步起势后超 15+ 全球品牌联动，分享他们眼中的福——福是骄傲的中国 Icon。初步起势后，支付宝与可口可乐、德芙、绿箭、雪碧、美汁源等 15+ 全球品牌联动，结合品牌特点，组成"有 ＿＿ 就是福"系列海报，从而传递"福是骄傲的中国 Icon"理念，在微博引起热议。同时，集结 18+ 阿里生态平台，蓝 V 微博接力，结合"团年饭"的传统过年主题，继续造势五福话题，在阿里大家庭内打造 # 阿里福气团年饭 # 事件，让所闻所论皆是福。微博发布喜迎集五福倒计时长图，引发网友热议"有五福才是年"。爆发、做火一个社交爆款：巧用品牌联动和跨界，高频制造五福相关话题和事件。通过选择消费者高频接触的品牌，与淘宝心选、KFC、可口可乐、淘宝国潮进行联名或跨界合作，把各大品牌变成集五福的高频入口，掀起一波狂潮。

七、整体预算

整体预算包括电影预算、与品牌联动预算、制造相关话题、广告媒体多渠道投放、KOL。

八、效果评估

文化在传承，福气在传递。2019 年新春，超过 4.5 亿人参与集五福，同比去年增长400%。每3个中国人中，就有1个人用支付宝集福送福。"95后"集五福人数共计 1.2 亿人，老人写福、小辈扫福成为过年标配。200多个国家和地区闪现集福的印记。

传播上，大电影上线后，正片累计播放量超 5000 万，热度指数比苹果《一个桶》高出 24.9%，微博总话题高 363%。品牌联动微信总阅读数达 144.4 万，业内分析的 10 万＋好文达 4 篇，微博总阅读数达 6857.5 万。其中，15＋ 全球品牌联手发布福字海报，微博总曝光量就达 3548 万。

支付宝 × 淘宝心选 10 万双福筷引发抢购，迅速售罄，微信深度文报道心选合作事件，创造 10 万＋阅读量。

支付宝 × KFC 联动热搜话题社会榜第 5 位，外国人写福视频播放量达 620.7 万。

支付宝 × 可口可乐联动有你是福定制瓶＋微电影进击波财经，复盘案例稿获近 10 个行业号转载，10 万＋爆款好文引发业内热烈反响。

支付宝 × 淘宝国潮合作 Social Beta 位列周案例榜第 1 名，微博热门话题时尚美妆榜第 7 位，传播国潮事件，创 2 篇微信 10 万＋阅读。

第25章　C&S中顺洁柔广告案例分析

广告主（品牌）名称：C&S 中顺洁柔
案例策划、制作单位名称：C&S 中顺洁柔
案例实施时间：2021 年 5 月

一、实施背景

当下社会，两性话题成为社会热点话题。围绕女权、婚姻、性别的话题必会引起社会的广泛关注与讨论。而纸巾市场同质化严重，得宝、维达、心相印、清风等品牌各有千秋但差别不大。为了扩大宣传力度，市面上很多纸巾品牌结合自身优势围绕两性话题进行了营销活动，效果良好。如何在众多纸巾品牌中突出产品亮点，获得更多关注，获得消费者的购买和喜爱成为洁柔的目标。

二、市场调研

1. 目标市场
刚刚步入婚姻，面临"纸婚"带来的生活和情感压力的年轻群体。

2. 品牌背景
中顺洁柔（公司）是国内首批 A 股上市的生活用纸企业，专业生产生活用纸系列产品。公司分别在广东江门、云浮，四川成都、浙江嘉兴、湖北孝感、河北唐山建有六大生产基地，销售网络辐射华南、云贵广、西南、西北、华东、华中、华北、东北和港澳九大区域，产品远销东南亚、

中东、澳洲、非洲等海外市场。

三、营销目标

针对前期市场调研对产品进行 SWOT 分析，如表 25-1 所示：

表25-1　中顺洁柔SWOT分析

S：优势 1.高质量、柔韧、包装设计便利 2.知名度高 3.品牌认可度高，有一定的客户群体	W：缺点 价格较高
O：机会 市面上的纸巾品牌知名度差不多，顾客对某一种品牌纸巾的依赖程度不高。可以加大宣传力度，提高知名度和竞争力	T：威胁 同质化严重。与同样具有较高知名度的品牌相比，没有特别突出的亮点，容易被别的品牌以较低的价格竞争

通过当下对热点话题婚姻以及年轻群体对纸婚的焦虑进行广告创意设计，直击痛点，获得目标消费群体——刚刚结婚，面临生活和工作压力的年轻群体的关注和支持。从而达到宣传产品特性和扩大知名度的目的。

四、创意核心

婚姻话题是近年来社会的热门话题。对于年轻群体，纸婚话题是一个痛点。洁柔此次以纸婚为题材使受众产生情感共鸣，可以使年轻群体在共鸣中认知和接受广告产品。

以生活片段为广告创意表现方法，通过生活场景表现"纸婚也是温柔有韧性的"，突显出洁柔纸巾"柔韧"的特点。

五、表现形式

1. 创意微电影

内容营销：把故事讲好，让更多人看到。

纸巾品牌与时趣联手打造 2021 年情人节微电影《纸婚》（图 25-1）。

女主人公工作到深夜，下班路上被雨淋湿，再加上工作上的诸多不顺，她心情烦躁。今天是结婚一周年纪念日，她却收到了一枚纸戒。

图25-1 《纸婚》海报

"都说结婚一年是纸婚，我看真的没错。"一时生气，她讲了句抱怨的话。男主人公转身出了门。

她冷静了一下，起身捡起纸戒，却偶然看到精心装扮的卧室以及记录以前生活点点滴滴的卡片。想起以前生活中的小摩擦、小甜蜜，看到准备好的一周年礼物，她体会到了他的用心（图 25-2）。

这时男主人公正巧买好东西回来，推开门的一刻，两人的小矛盾迎刃而解（图 25-3）。

当今社会离婚率与结婚率此消彼长。度过了甜蜜的新婚期，同居生活中的大大小小的实际问题开始暴露出来。结婚一年为纸婚期，很多人认为纸婚很脆弱。谁说纸婚期就是脆弱不堪，一触就破？纸戒指的背后，承载着的是二人生活的点滴，有摩擦和碰撞，但更多的是温暖与互相依赖。生活中难免有不如意的地方，但只要互相理解、互相包容、互相爱，纸婚也可以柔韧。

图25-2　《纸婚》海报（一）　　　　图25-3　《纸婚》海报（二）

洁柔纸巾的广告创意抓住了"纸婚"这一社会议题，以一段温暖的故事展现出婚姻的柔韧有度，凸显了洁柔纸巾的柔韧特点。

2. 创意海报

如图25-4所示，中顺洁柔创意海报结合季节变化推出新品，展现新品特点；结合热门话题，吸引消费者关注，增加记忆点。

图25-4　创意海报

六、传播策略（媒介策略）

1. 网络媒介：微信公众号、微博、小红书、抖音

微信公众号：洁柔除了有自己的公众号以及小程序进行线上运营，还邀请生活类、时尚类、种草类公众号合作进行文章的推送以及产品的宣传（图25-5）。

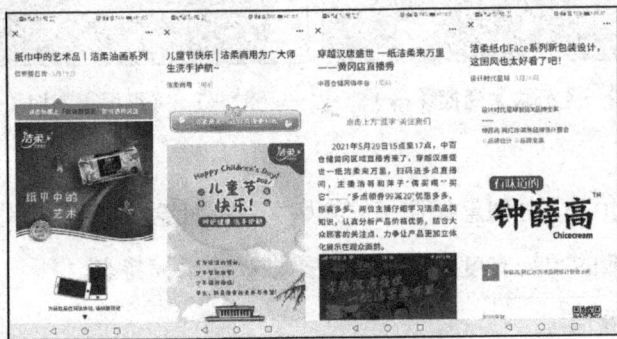

图25-5 微信公众号文章

微博、小红书：这类广告媒介有互动性强，多为短文+图片的方式传播的特点。广告多以种草为主要内容，通过 KOL 的日常使用或产品测评吸引更多的人了解洁柔的产品。

抖音：抖音这类短视频 APP 以直播、短视频的形式宣传产品。洁柔会选择情侣类、生活类抖音达人结合品牌的优势进行内容创作，已达到吸引消费者的目的。

2. 线下快闪店、线下公关渠道

与此同时，时趣还与品牌联手通过线下公关渠道的布局，引导整个传播走向全民关注的社会事件级营销。比如，项目推出情人节定制爱情礼盒，通过赠送特定的纸戒指，一方面能够帮助品牌转化，另一方面更通过特殊的礼物，去反哺创意本身的价值。

同时推动品牌联合 ALLOVE，推出"买纸巾有机会得钻戒"等活动，并在多地开启线下快闪店，让《纸婚》背后传递的价值观透过线上、线下渠道全面引爆媒体关注，最终达成事件级的营销。

实景搭建的场景（图 25-6）更易触动用户情感，引起共鸣。

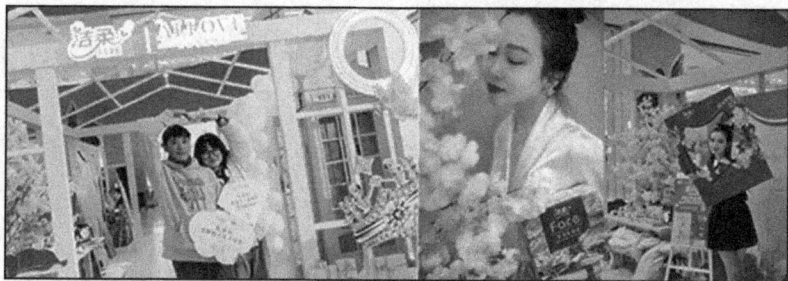

图25-6 线下快闪店

七、整体预算

整体预算包括广告拍摄、网络媒介宣传、线下活动推广等。

八、效果评估

本次广告创意脚本切入当下社会热点话题：婚姻。且在情人节发布，会引起社会群体的较高关注。加上此次邀请了大量博主、公众号、抖音达人进行进一步宣传，扩大受众面。预计上线后会引起社会人士的广泛关注和热烈讨论。

微电影广告《纸婚》在微博上投放，上线两周播放量5800万+，互动量39000+。

第 26 章　安慕希打造潮牌酸奶整合案例分析

广告主（品牌）名称：安慕希

案例策划、制作单位名称：安慕希

案例实施时间：2019 年 7 月～ 2020 年 2 月

一、实施背景

在快节奏生活时代下，对快消品牌来说，想要长期吸引年轻人的关注度不是一件容易的事情。既要保持差异化阻隔现有竞争对手，又要防止来势汹汹的新的竞争者虎口夺食，所以必须根据自家产品特点制定有针对性的营销传播和沟通策略，通过抵达目标群体内心的营销来破局。

近年来，安慕希在布局营销战略时，已经逐步在数字化策略、创意传播上进行新的尝试和调整，并尝试多途径搭建与年轻人之间的深度互动，为实现品牌年轻化战略而努力。为了拉近与年轻人的距离，安慕希为大火 IP《奔跑吧》提供赞助，又找娱乐圈新生代的明星做品牌代言人，十分用心。

二、市场调研

1. 目标市场

23 ～ 35 岁年轻白领。

2. 品牌背景

伊利安慕希引入希腊酸奶，旨在为人们带来更多营养与浓醇享受。而相比其他高端常温酸奶，伊利"安慕希"也具有明显的特色。2013年安慕希以高端希腊酸奶立命入世，凭借其独特的高蛋白营养与极致浓醇口感，在常温酸奶品类中建立起壁垒性差异化优势，从一个年轻品牌迅速成长为常温酸奶领域的行业领导者。

安慕希作为大酸奶行业领军者，2019年销售额突破200亿元，2020年面临内部生意压力和外部产品及传播行业竞争的双重挑战，品牌传播进阶，亟需夯实国际潮流美味引领者占位。安慕希坚持娱乐＋体育营销年度传播策略，夯实品牌国际潮流美味引领者占位及年轻、时尚潮流调性，2020年大酸奶品类及跨品类产品竞争加剧。

三、营销目标

从消费者兴趣点出发，结合产品高品质美食属性，借势节目高关注度持续提升品牌认知，包围节目进行线上线下整合营销，提升目标人群偏好，拉动购买。传播目标是在活动期间安慕希声量、互动量及美誉度超越主竞品，同时形成品牌与时代强关联，使品牌核心资产表现显著提升。

四、创意核心

在数字化策略、创意传播上进行新的尝试和调整，并尝试多途径搭建与年轻人之间的深度互动，为实现品牌年轻化战略而努力。

五、表现形式：多场景整合营销

1. 明星营销：杨超越生日趴 Vlog 上线

顺应 Vlog 营销潮流，安慕希和杨超越共同拍摄了一支生日 Vlog，并顺势让杨超越在生日 Vlog 上示范演绎饮用安慕希。当天，微博话题#杨超越开趴＃同步上线（图26-1）。

图26-1 杨超越微博话题

抖音＃嗨翻生日趴＃挑战赛就为安慕希打响了品牌线上声量爆发的第一枪，随着代言人号召以及抖音 KOL 们的带动，安慕希再通过一波互动福利刺激更多用户加入挑战赛。

在撬动全民参与热情之后，让安慕希的饮用时机触及更多消费者，以"人气平台"带动"人群引流"，驱动安慕希销量的增长。

2. 安慕希"派对新包装"

瞄准年轻消费群体社交喜好，从消费者的注意力着手，深挖出"引领时尚的年轻人，大都喜欢聚会、开趴"这个点，策略性地推出了全新升级的"派对新包装"（图 26-2）。

图26-2 安慕希"派对新包装"

聚焦多种夏日欢聚场景，以充满个性潮流感的 Party 为设计风格，融入气球、彩带、灯光等元素推出了 9 款酸奶新包装，满足年轻人喜欢多元化，追求个性表达的需求。

3."嗨翻派对"小程序

在线上用微信小程序为用户搭建了一个"嗨翻派对"（图 26-3），用有趣好玩的潮流方法，通过不同场景标签化互动，打造派对嗨互动，博得年轻消费者欢心。利用活动背后高价值赠品的奖励制度把这个创意小程序扩散出去。诱人的大奖刺激全民参与和分享，形成了病毒式传播效果。

图26-3 安慕希"嗨翻派对"小程序

4. 多位明星助力

深刻洞察时下年轻消费者对健康、时尚、个性、潮流的追逐，力邀品牌代言人杨超越、Angelababy、迪丽热巴等流量明星担任品牌派对大使，全面诠释出生日趴、游戏趴、热舞趴、美食趴、篮球趴……多维度传达不同生活状态和需求下的各种狂欢派对。以多元化赋能加深产品关联，深化消费者价值认同，用引领时尚潮流的新奇方式成功"圈"住了年轻人（图26-4）。

图26-4 安慕希品牌派对大使杨超越

六、传播策略（媒介策略）

本次营销活动以网络媒介为主，通过微博、抖音、微信小程序吸引年轻消费群体关注和参与。

七、整体预算

整体预算以流量明星为主，加上小程序的开发与维护，产品外观设计，网络媒体的宣传投放。

八、效果评估

微博话题一上线，就吸引了大批粉丝网友参与话题讨论并争先模仿杨超越，也让＃杨超越开趴＃话题在微博话题榜中持续热度，借助粉丝扩大传播，为品牌聚拢了高人气和高声量，也为线下营销活动积累了大量的活跃用户。

一周之内，微博＃杨超越开趴＃话题曝光量已高达4.3亿，讨论数达159.9万次，抖音＃嗨翻生日趴＃挑战赛视频播放量已超过30.7亿。在撬动全民参与热情之后，让安慕希的饮用时机触及更多消费者，以"人气平台"带动"人群引流"，驱动安慕希销量的增长。

安慕希精准洞察了目标人群的社交属性，真正与消费者进行情感沟通，建立良好的社交关系。通过安慕希这波"明星效应 × 场景化思维"的营销模式，我们也欣喜地看到了场景化思维对于延长明星艺人价值效应的意义。明星撬动消费需求后，再顺势进行场景教育，从而将冲动性购买行为转化成为一种半计划性购买，让粉丝持续地购买产品成为可能，让产品变得流行。

参考文献

［1］赵春华. 时尚传播 [M]. 北京：中国纺织出版社, 2014：3.

［2］American Marketing Association.AMA Dictionary [EB/OL].[2022-6-11].https://marketing-dictionary.org/v/viral-marketing/#cite_note-1.

［3］SEMPO. Glossary of Terms [EB/OL]. [2022-6-11].https://marketing-dictionary.org/s/search-engine-optimization/#cite_ref-2.

［4］Mohdzain M B, White A D, Ward J M. Co-evolution of supply chain strategies and technologies[J]. Journal of Enterprise Resource Planning Studies, 2012: 1.

［5］U.S. apparel market – statistics & facts [EB/OL].(2022-6-2)[2022-6-11].https://www.statista.com/topics/965/apparel-market-in-the-us/.

［6］菲利普·科特勒, 等. 营销管理 [M]. 11 版. 梅清豪, 译. 上海：上海人民出版社, 2003：466.

［7］大卫·艾克. 管理品牌资产 [M]. 奚卫华, 董春梅, 译. 北京：机械工业出版社, 2007：8.

［8］余明阳, 等. 品牌传播学 [M]. 上海：上海交通大学出版社,2005:4.

［9］Murphy J M, et al. Brand Variation[M] .London:Business Books,Ltd., 1989.

［10］菲利普·科特勒, 等. 营销管理 [M]. 11 版. 梅清豪, 译. 上海：

上海人民出版社, 2003:467.

[11] Aaker D A. Managing brand equity[M]. New York: simon and schuster, 2009.

[12] Keller K L. Conceptualizing, measuring, and managing customer-based brand equity[J]. Journal of marketing, 1993, 57(1): 1–22.

[13] Aaker, David A. Managing Brand Equity[M]. New York City: The Free Press, 1991: 27–31.

[14] Keller K L. Brand synthesis: The multidimensionality of brand knowledge[J]. Journal of consumer research, 2003, 29(4): 595–600.

[15] Baltas G, Saridakis C. Measuring brand equity in the car market: a hedonic price analysis[J]. Journal of the Operational Research Society, 2010, 61(2): 284–293.

[16] Baltas G, Freeman J. Hedonic price methods and the structure of high-technology industrial markets: An empirical analysis[J]. Industrial Marketing Management, 2001, 30(7): 599–607.

[17] Keller K L. Conceptualizing, measuring, and managing customer-based brand equity[J]. Journal of marketing, 1993, 57(1): 1–22.

[18] Metti M S. Jerusalem–the most powerful brand in history[J]. Stockholm University School of Business, 2011.

[19] Kesmodel, David. Meet the Father of Zero–Based Budgeting[J]. Wall Street Journal, 2015 (27 March).

[20] 汤姆·邓肯. 广告与整合营销传播原理 [M]. 2 版. 廖以辰, 张广玲, 译. 北京: 机械工业出版社, 2006:96.

[21] 唐·舒尔茨, 海蒂·舒尔茨. 整合营销传播: 创造企业价值的五大关键步骤 [M]. 何西军, 黄鹂, 朱彩虹, 等译. 北京: 中国财政经济出版社, 2005: 53.

[22]Smith W R. Product differentiation and market segmentation as alternative marketing strategies[J]. Journal of marketing, 1956, 21(1): 3-8.

[23]陈红. 消费者需求导论 [M]. 北京：高等教育出版社，2012：23-25.

[24]Caragher J M. Expand your horizons: Niche marketing success stories[J]. Journal of Accountancy, 2008, 205(4): 56.

[25]Andrei P, Ecaterina B R, Ionut T C. Does Positioning Have A Place In The Minds Of Our Students?[J]. Annals of Faculty of Economics, 2010, 1(2): 1133-1136.

[26]Bell S. International brand management of Chinese companies[M]. Springer Science & Business Media, 2008: 26.

[27]Ostasevičiūtė R, Šliburytė L. Theoretical aspects of product positioning in the market[J]. Engineering Economics, 2008, 56(1).

[28]Entrepreneur. Unique Selling Proposition (USP)[EB/OL]. http://www.entrepreneur.com/encyclopedia/unique-selling-proposition-usp.

[29]Delbecq A L, Van de Ven A H. A group process model for problem identification and program planning[J]. The Journal of applied behavioral science, 1971, 7(4): 466-492.

[30]Rhorbach B. Kreative nach regeln: Methode 635, eine neue technik zum losen von problemen[J]. Absatzwirtschaft, 1969, 12: 73-75.